lonely pl… t

V… SE

EN … QUES JOURS

PIERO PASINI

Sommaire

Préparer son séjour

Basilica di Santa Maria della Salute (p. 78)
CANADASTOCK/SHUTTERSTOCK ©

Explorer Venise 43

Vaut le détour

Carnet pratique 203

Coups de projecteur

Bienvenue à Venise

Vous la savez splendide mais craignez le raz-de-marée touristique ? Rassurez-vous, Venise a encore de quoi vous étonner : recoins secrets, tranches de vie quotidienne, tempo différent, évocations d'un temps hors de la modernité, éclats de joie de vivre et moments de grande authenticité... Pour en profiter, il vous faudra ouvrir l'œil et tendre l'oreille. Il faudra aussi faire preuve de patience et accepter de ne pas tout trouver du premier coup. Prendre le temps de découvrir la ville et se laisser soudain surprendre : par les cris du marché qui rompent la quiétude de la lagune ou par d'étincelants reflets dorés sur les eaux, qui évoquent Constantinople et donnent de l'éclat aux austères façades Renaissance sur le canal de la Giudecca. Oui, prendre le temps : c'est la meilleure façon d'envisager Venise, et vous en serez récompensé.

Basilica di Santa Maria della Salute (p. 78)
SIC2006 / STOCK.ADOBE.COM ©

Les incontournables

Être ébloui à la basilique Saint-Marc (p. 46)

EVGENY SHMULEV/SHUTTERSTOCK ©

Se perdre dans le dédale du palais des Doges (p. 50)

DALIU/SHUTTERSTOCK ©

GEORGIOS TSICHLIS/SHUTTERSTOCK ©

Se rendre en pèlerinage à la Basilica di Santa Maria della Salute (p. 78)

Naviguer au pays des merveilles sur le Grand Canal (p. 102)

ROMAN SIGAEV/SHUTTERSTOCK ©

BILL PERRY/SHUTTERSTOCK ©

Se délecter de chefs-d'œuvre aux Frari (p. 106)

Voyager à travers l'art et le temps aux Gallerie dell'Accademia **(p. 74)**

Plonger dans la culture juive du Ghetto **(p. 128)**

GABO90/SHUTTERSTOCK ©

BARABANSCHIKOW ALEXANDER/SHUTTERSTOCK ©

Sortir des sentiers battus au Campo Santi Giovanni e Paolo **(p. 148)**

Profiter d'une oasis d'histoire et de spiritualité à Torcello (p. 174)

MARTIN M303/SHUTTERSTOCK ©

TAWEEP TANG/SHUTTERSTOCK ©

Découvrir une autre Venise à San Giorgio Maggiore (p. 186)

Se restaurer

Pour apprécier la cuisine vénitienne, nul besoin d'un repas complet au restaurant, même s'il ne faut pas s'en priver pour autant. Faites comme les Vénitiens, qui préfèrent cichetare, *c'est-à-dire aller d'un bistrot à l'autre pour y grignoter divers petits en-cas* (cicheti) *traditionnels, accompagnés d'un verre de bon vin.*

Gare aux pièges !

Étant donné l'afflux de visiteurs, les lieux de restauration pullulent à Venise. Et, bien sûr, quantité ne rime pas toujours avec qualité. Commencez par vous familiariser avec la ville et fuyez d'office les adresses dotées d'un rabatteur (*batidòr* ou *intromettitore* en vénitien) devant la porte.

Faire son choix

Le *risi e bisi* (risotto aux petits pois), le foie de veau à la vénitienne, les sardines *in saor* (à l'aigre-doux et frites) ou les seiches à l'encre sont désormais célèbres dans toute l'Italie.

En dehors de ces plats, mélanges de saveurs méditerranéennes, orientales et d'Europe centrale, il existe des recettes populaires plus méconnues, telles que les *moeche* (crabes en mue, dont on mange même les pinces et les pattes), les *bovoleti* (petits escargots dégustés en été), les *bigoli in salsa* (gros spaghettis en sauce aux anchois) ou la *zuppa di trippa*, une soupe de tripes encore servie dans quelques restaurants du Rialto, notamment à **Il Diavolo e l'Acquasanta** (☎ 041 277 03 07 ; Calle della Madonna 561 ; repas 30 € ; ⏱ 9h30-15h et 18h-22h30 lun et mer-ven, 9h30-22h30 sam-dim).

Sur le pouce

Les *bacari* (bistrots) servent des *cicheti* (tapas vénitiennes). Certains permettent toutefois de s'attabler pour déguster au calme les plats du comptoir ou de la cuisine. Les bars plus modernes proposent des *tramezzini* (ci-contre), qui peuvent faire un repas complet.

Tradition vénitienne

Trattoria Altanella
Une institution en activité

MAURESE/SHUTTERSTOCK ©

sur l'île de la Giudecca depuis 1866. (p. 91)

Antiche Carampane L'affiche à l'entrée annonce la couleur : ici, la cuisine vénitienne est à l'honneur :"pas de pizza, pas de lasagnes, pas de menu touristique" ! (p. 121)

Da Alberto Une cuisine vénitienne intemporelle. (p. 143)

Cuisine créative

Estro La tradition interprétée avec imagination. (p. 91)

CoVino L'expérimentation est le maître mot de la maison. (p. 168)

Muro Frari Menu associant le *risotto di gò* (à base de gobie noir) à des plats plus contemporains. (p. 120)

Tramezzino ou tramesìn ?

Venise et sa voisine Mestre se disputent la paternité du *tramezzino*. Quoi qu'il en soit, le *tramesìn*, comme on l'appelle dans la lagune, diffère de son homologue de Turin, ville d'origine de ce petit sandwich triangulaire au pain de mie. Pour être authentique, il doit en effet être écrasé aux angles et présenter un renflement central de 5 ou 6 cm d'épaisseur. Les classiques sont garnis d'œuf et de thon ou de jambon, mais il existe quantité de versions, des 100% végétales aux combinaisons plus audacieuses (saucisson et morue, par exemple).Certains établissements, comme le **Ai Nomboli** (p. 120), ont fait du *tramezzino* créatif leur marque de fabrique.

Venise dans l'assiette

Quelques cicheti

★ Le top des cicheti

Cantina Do Mori (p. 119). Un vieux bar à vins au cœur du Rialto, avec un grand comptoir et une poignée de tabourets. Outre des *cicheti*, on peut y commander des petits *tramezzini* surnommés *francobolli* ("timbres-poste").

All'Arco (p. 120). À deux pas de la Cantina Do Mori, cet endroit sympathique et animé a la faveur des gens du coin et des touristes pour ses sandwichs créatifs préparés à la demande et ses *cicheti* sortant de l'ordinaire.

Cantina Aziende Agricole (p. 141). Idéal si vous pouvez vous passez de *cicheti* de poisson, mais pas de bonnes *polpette* de viande et d'atmosphère couleur locale.

Al Tappo (p. 144). Au cœur du Ghetto, ce bar à vins propose des *cicheti* créatifs, ainsi que quelques classiques, préparés et servis avec soin.

Paradiso Perduto (p. 142) Convivialité et abondance sont les maîtres mots de ce paradis où les *cicheti* semblent littéralement déborder du comptoir.

Cicheto ou stuzzichino ?

Les *cicheti* (du latin *ciccum*, "peu de chose") sont des sortes de tapas destinées à combler les petits creux en accompagnement d'un verre de vin. Toutefois, tout en-cas (*stuzzichino* en italien) ne peut prétendre à cette appellation : à Venise, une multitude d'établissements servant de prétendus *cicheti* proposent en réalité de simples canapés recouverts de n'importe quoi, au lieu de spécialités ancrées dans la tradition culinaire vénitienne.

Paradiso Perduto

Café...

PABLO DUCROS/SHUTTERSTOCK ©

Grâce à ses relations avec l'Empire ottoman, Venise introduisit le café en Europe et fut la première à en consommer. Si l'espresso a depuis longtemps détrôné le café à la turque, les Vénitiens sont toujours de grands amateurs de caffè.

Une longue histoire

Gianfrancesco Morosini, ambassadeur de Venise à Constantinople, évoquait dès 1585, cette habitude de consommer la "boisson *nigra*" à la turque. Cent ans plus tard, le café était consommé à Venise, probablement à la façon dont les Ottomans le préparaient. En 1720, le premier café, *Alla Venezia Trionfante* de Floriano Francesconi, ouvrit ses portes à Venise, sur la place Saint-Marc. Il est entré dans l'histoire sous le nom de son propriétaire : Florian.

Café historiques

Florian Le plus célèbre et le plus ancien parmi les trois cafés historiques de la place Saint-Marc. (photo ; p. 67)

Quadri Le grand "rival" du Florian. (p. 67)

Lavena Le préféré des artistes et des Vénitiens. (p. 67)

Harry's Bar Mythique, Ernest Hemingway en a fait l'éloge. (p. 67)

Lion's Bar Élégant comme il sied au Lido de Venise, un mélange d'art nouveau et de baroque, (p. 198).

Torréfactions

Bien avant l'ouverture des cafés, Il y eut à Venise des torréfacteurs qui résistèrent à l'industrialisation au cours des siècles. La **Torrefazione Cannaregio** (p. 142) est aujourd'hui l'un des derniers torréfacteurs artisanaux encore en activité.

... et pastine

La tradition des pasticcini *(petits gâteaux), des* biscotti *(biscuits), des* torte *(gâteaux) et des* focaccias, *des* frittelle *(beignets) et de bien d'autres délices, se perpétue depuis des siècles à Venise grâce aux* scaletteri. *Ces pâtissiers étaient à l'origine ainsi nommés parce qu'ils fabriquaient des gâteaux sur lesquels était dessinée une petite échelle* (scala).

EQROY/SHUTTERSTOCK ©

Petits gâteaux

Deux *pastine* classiques : le *puncetto*, à l'alcool et au chocolat, et la *pastina di riso*, à la farine de riz pour le petit-déjeuner. Pendant le carnaval, on trouve des *fritole* dans toutes les pâtisseries. Ces beignets aux raisins secs et à la grappa sont sans garniture "à la vénitienne", ou fourrés de crème. Viennent ensuite les *galani*, des merveilles au zeste de citron et au vin blanc, et plus rarement les *mammalucchi*, de petites crèmes frites. Les biscuits les plus célèbres sont les *buranelli* (photo), sans oublier les *zaleti* à la farine de maïs, les *pevarini* au chocolat et au poivre ou les délicats *baicoli*.

Les meilleures adresses

Tonolo Incontournable selon les Vénitiens. (p. 90)

Rizzardini La plus ancienne et la plus belle. (p. 118)

Targa C'est ici que l'on trouve les *mammalucchi* durant le carnaval. (p. 118)

Didovich perpétue l'héritage de la confiserie austro-hongroise. (p. 166)

Rosa Salva Une institution. (p. 66)

Panificio Volpe Pâtisserie juive. (p. 129)

San Martin

La tradition veut que le 11 novembre, jour de la Saint-Martin, les enfants aillent d'un magasin à l'autre en faisant du tapage jusqu'à ce qu'on leur donne une pièce. Ils mangent ensuite un gâteau qui a la forme du légionnaire romain devenu saint.

Prendre un verre et faire la fête

La vie nocturne "à la vénitienne" se déroule principalement en plein air. Elle est donc d'autant plus agréable aux beaux jours. En hiver, l'activité est réduite, beaucoup de bars fermant en début de soirée. Mais avec quelques bonnes adresses, le plaisir est garanti toute l'année.

Les pieds ballants

Aux beaux jours, dès 18h, les *calli* vénitiennes se remplissent de gens de tous âges, un verre à la main. Assis, les pieds ballants, au bord d'un quai sur la lagune ou le Grand Canal, la magie opère vite. Les horaires sont les mêmes en hiver, mais on sirote plutôt un verre à l'intérieur des bars.

Un spritz mais pas que !

On ne vit pas que de vin et de spritz à Venise ! Si vous recherchez une atmosphère sophistiquée, un service attentif et des alcools de qualité, la Sérénissime ne vous décevra pas du côté des bars à cocktails. Mélange vénitien le plus célèbre après le spritz (p. 20), le Bellini, est à base de prosecco et de jus de pêche blanche. Le prosecco, en été, se boit également avec de la glace et du citron, tandis que la bière est également servie dans de très petits verres (le *birrino*).

Musique !

La musique live n'est pas le point fort de la ville, mais ne désespérez pas. Lors du carnaval et des fêtes traditionnelles (*sagre*), la musique résonne sur les places. En dehors de ces occasions, vous pourrez trouver quelques DJ sets les vendredis ou samedis dans les bars les plus fréquentés. Outre la musique baroque, vous pourrez aussi assister à quelques beaux concerts de jazz.

En plein air

Fondamenta de la Misericordia Ces quais se transforment en un bar à ciel ouvert. (photo ; p. 142)

Campo Santa Margherita Testez l'Osteria alla Bifora et le Cafè Noir. (p. 88)

PIERO PASINI/EDT ©

Via Garibaldi L'artère vibrante de Castello. (p. 167)

Cocktail

Harry's Bar C'est ici qu'est né le Bellini. (p. 67)

Il Caravellino Passé mondain et fauteuils en cuir. (p. 68)

Caffè dei Frari – Il Mercante Des cocktails classiques et des créations inspirées des traditions de Venise. (p. 122)

Musique

Venice Jazz Club
S'y produisent les membres du Venice Jazz Club Quartet et des musiciens de stature internationale. (p. 92)

Les bacari et ombre

Un *bacaro* (terme dérivé de Bacchus, le dieu du vin, ou de *fare bàcara*, festoyer) est un bistrot typiquement vénitien, où l'on peut commander des *cicheti* (p. 14), exposés dans une vitrine. Il propose généralement deux types de vin : en bouteille, plus cher et de meilleure qualité, ou bien en bonbonne ou *di spina* (à la tirette), bon marché, appelé *ombra* (p. 57). Les adresses authentiques disparaissent lentement au profit d'établissements privés du charme de la patine des ans. Les *malvasie* en revanche étaient des débits de boissons. C'est en effet du port de la ville de Monemvasia (Malvoisie), en Grèce, que l'on exportait dans le monde entier le vin doux grec. Certains lieux en ont repris le nom et l'esprit, comme le Malvasia all'Adriatico Mar (p. 92).

Venise dans le verre

Un spritz à l'Aperol

À Venise, on y ajoute aussi une olive, si vous préférez sans dites-le.

★ Spritz avec vue

Difficile de boire un mauvais spritz à Venise. C'est LE cocktail par excellence, et il est très bien servi quasiment partout. Les adresses qui suivent ont néanmoins notre préférence.

"Di qua e di là dell'acqua" : des deux côtés de l'eau, dit-on à Venise. À la Giudecca, admirez la Sérénissime avec un spritz depuis **La Palanca** (p. 96), et vice versa : observez la Giudecca depuis **El Chioschetto** (p. 92).

En bordure du marché du Rialto, le matin comme le soir, vous pouvez vous arrêter à la **Pescaria** (p. 121), ou prendre un spritz dans un *bacaro*, comme à l'**Arco** (p. 120). Vous trouverez également de nombreux bars sur le **Campo dell'Erbaria** (p. 109), une place du Rialto donnant sur le Grand Canal, où vous pourrez siroter un spritz près des bateaux amarrés.

Une question de degrés

Le spritz (de l'allemand *spritzen*, arroser) a vu le jour pendant la domination autrichienne sur le royaume de Lombardie-Vénétie (1814-1866). Les soldats avaient alors l'habitude d'allonger le vin blanc, trop fort à leur goût, avec de l'eau de Seltz. Les Vénitiens, qui trouvaient cela trop léger, y ajoutèrent par la suite de l'Aperol (recette la plus sucrée et la plus connue), du Select (utilisé presque exclusivement à Venise) ou du Campari, plus alcoolisé.

Spritz avec vue sur le pont du Rialto

CESARE SENT/SHUTTERSTOCK ©

Shopping

PIERO PASINI/EDT ©

À Venise, la quantité de boutiques et d'ateliers peut donner le tournis. Cependant, comme toujours dans un haut lieu du tourisme, la vigilance s'impose : des prix très bas sont souvent synonymes de qualité médiocre ou de production de masse.

Rues et lieux de shopping

Voici les principaux endroits de Venise où trouver des articles de qualité.

Le Mercerie Entre la place Saint-Marc et le Rialto, cette rue est restée au fil du temps commerçante. Comme son nom l'indique, on y trouve principalement du prêt-à-porter et du linge.

Calle delle Botteghe et Calle del Cafetier Une fois encore, le nom du lieu ne ment pas. Ici, vous trouverez des antiquités et de beaux masques, comme ceux de Ca' Macana. (p. 95)

Via XXII Marzo Les grands ateliers de haute couture se trouvent le long de cette large artère qui va de la Chiesa di San Moisè (p. 60) au Campo Santo Stefano. (p. 65)

Marché du Rialto Même si vous n'avez pas la possibilité de cuisiner du poisson, de la viande ou des légumes lors de votre séjour, faites-y un saut pour rapporter des souvenirs gastronomiques. L'historique épicerie Mascari (p. 123) est une référence.

Fondaco dei Tedeschi (☎041 314 20 00 ; www.dfs.com ; Calle del Fontego dei Tedeschi ; 🕙10h-20h ; ⛴Rialto), l'ancien entrepôt des négociants allemands, a abrité la poste centrale durant des décennies. Restauré en 2016 par Rem Koolhaas, il a retrouvé sa vocation première en accueillant de nombreux commerces. Sa terrasse sur le toit dévoile une vue somptueuse.

L'art du verre

Le verre soufflé de Venise est le digne héritier des savoir-faire de la Rome antique et des techniques importées d'Orient à l'époque médiévale. Au XIIIe siècle, en raison d'incendies récurrents, le gouvernement de la Sérénissime obligea les verreries à s'installer sur l'île de Murano, où cet art raffiné se perpétue encore.

ALEKSANDR SIMONOV/SHUTTERSTOCK ©

Bien acheter

Fiez-vous non pas aux étiquettes "Made in Italy" ou "Made in Venice", mais seulement à la marque déposée "Vetro artistico di Murano" (logo violet sur fond blanc).

Petits formats

Des vases aux figurines d'animaux, Murano produit un large éventail de jolis articles de taille réduite. On peut aussi opter pour des **murrine**, fragments de baguettes de verre multicolores à section florale, qui servent notamment à réaliser les classiques presse-papiers *millefiori*, ou des **conterie**, perles avec lesquelles sont confectionnés bijoux et fleurs. Sans oublier les créations **a lume** (verre filé au chalumeau), souvent fabriquées dans les ateliers attenant aux boutiques.

Bijoux

Perlamadredesign
Une combinaison parfaite de design moderne et de savoir-faire traditionnel. (p. 94)

Anticlea (☎ 041 528 69 46 ; Castello 4719/A ; 🕒 11h-19h lun-sam).
Bijoux composés de *conterie* ou de *murrine*.

Enfileuses de perles

Les *impiraresse* étaient des femmes qui enfilaient des perles de verre sur le pas de leur porte pour confectionner de longs colliers. On ne les voit plus guère aujourd'hui qu'à l'occasion de manifestations culturelles.

Souvenirs vénitiens

OSVALDODIP/SHUTTERSTOCK ©

Verrerie et perles

D'immenses lustres et des vases précieux, bien sûr ! Mais aussi des presse-papiers en pâte de verre, des bijoux, des perles. (p. 23)

Masques

Il y a ceux de la commedia dell'arte, ceux du carnaval et l'emblématique *baùta*, avec son fameux "bec". Il était porté toute l'année par les personnes désireuses de conserver l'anonymat. Couvrant le visage, sauf le menton, il altérait la voix et permettait de boire et de manger sans se dévoiler.

CHAMELEONSEYE/SHUTTERSTOCK ©

FOROV/SHUTTERSTOCK ©

Cahiers et carnets

Que vous adoriez prendre des notes, faire des croquis, envisagiez d'écrire vos mémoires ou que vous recherchiez un agenda original, vous trouverez votre bonheur à Venise ! Les relieurs artisanaux ne manquent pas. Faites un tour chez **Paolo Olbi** (p. 93) ou à **Il Pavone** (p. 124).

CHICCODODIFC/SHUTTERSTOCK ©

Dentelle

La **Via Galuppi**, à Burano, regroupe une multitude de magasins, mais presque tous les articles en vitrine sont importés et fabriqués à la machine. **Dalla Olga** (p. 181) et **Dalla Lidia Merletti d'Arte** (p. 182) restent des valeurs sûres.

PIERO PASINI/EDT ©

Furlane

Originaires du Frioul mais popularisées par les Vénitiens, ces pantoufles se portent partout, à la maison, dans la rue, à la plage, en bateau... Rendez-vous chez **Gianni Dittura** (p. 71) ou, pour des modèles plus chics, chez **Pied à Terre** (p. 125).

Carnaval, fêtes et événements

Le carnaval de Venise est célèbre dans le monde entier et attire des milliers de visiteurs chaque année. Mais la ville est aussi riche d'autres événements d'envergure internationale, sans oublier les festivités religieuses et les fameuses sagre, des fêtes populaires, qui, en été, animent les places comme si Venise devenait un village.

Carnaval hier et aujourd'hui

Fête attestée à Venise dès le XIIe siècle, le carnaval commençait autrefois juste après Noël. Il constituait une période d'abolition des barrières sociales, durant laquelle aristocrates et gens du peuple pouvaient se mêler, dissimulés derrière des **masques**, s'inspirant de la commedia dell'arte. Interrompu après la fin de la République vénitienne, il fut réintroduit officiellement en 1980.

Événements

Certains des grands moments qui rythmaient à l'origine le carnaval font l'objet de fascinantes reconstitutions. La Festa delle Marie, aujourd'hui un concours de beauté, avait jadis pour but de trouver un mari aux douze plus jolies filles pauvres de la ville.

Le vol de l'ange (voir Campanile p. 57) fut d'abord exécuté sur une corde vers le palais des Doges au XVIe siècle par un acrobate turc. Programme sur www.carnevale.venezia.it.

Art et cinéma

Biennale di Venezia (www.labiennale.org). Rencontre d'envergure internationale d'art contemporain et d'architecture, en alternance d'une année sur l'autre, d'avril à novembre.

Mostra Internazionale d'Arte Cinematografica (www.labiennale.org). Le Lido de Venise est envahi par le gotha du 7e art et par les cinéphiles du monde entier pour ce rendez-vous cinématographique très attendu.

Fêtes religieuses

Les principales fêtes rappellent la fin des épidémies de la peste.

ANNA OM/SHUTTERSTOCK ©

Festa del Redentore (photo ; troisième samedi de juillet). La fête du Rédempteur est célébrée sur les bateaux et à quai : on mange et on boit en attendant l'extraordinaire feu d'artifice qui clôture la journée. Un long pont flottant est installé sur le canal de la Giudecca.

Festa della Madonna della Salute (21 novembre). On traverse un pont votif sur le Grand Canal pour allumer une bougie en souvenir de la fin de la peste de 1630. Magnifique.

Sagre

Ces fêtes estivales sont l'occasion de partages gastronomiques en musique. Stands et concerts en différents lieux.

Fête de Saint'Antoine sur le Campo San Francesco della Vigna (p. 162) du deuxième au troisième samedi du mois de juin.

Fête de San Piero sur le Campo San Pietro di Castello (p. 165), autour du 29 juin.

Fête Benefica de San Giacomo dall'Orio sur le Campo du même nom (p. 118), elle dure une dizaine de jours, mi-juillet.

Castradina S'ciavona

Pendant l'épidémie de la peste de 1630, seuls les Dalmatiens (*S'ciavoni*, en dialecte) bravèrent la peste et continuèrent à approvisionner la ville en mouton salé, épicé et fumé. Le jour de la fête de la **Madonna della Salute** (ci-contre), dans les maisons vénitiennes et dans certains restaurants, on prépare encore la *castradina*, une soupe épaisse à base de mouton et de chou.

Églises

À commencer par la Chiesa di San Simeon Piccolo et sa grosse coupole vert-de-gris que l'on aperçoit dès la sortie de la gare ferroviaire, les églises constitueront le fil rouge de votre visite à Venise. Dominant les rues, s'appuyant aux maisons et se reflétant dans les canaux, elles font entendre leurs cloches à travers toute la ville.

Diversité de cultes

La cité des Doges compte plus d'une centaine d'églises, qui forment autant de musées épars. Si le catholicisme romain prévaut, il existe aussi quelques lieux de culte orthodoxe grec et catholique arménien comme **San Giorgio dei Greci** (p. 160), à Castello, et **Santa Croce degli Armeni** (p. 60), près de la basilique Saint-Marc, qui n'ouvre à la visite que le dernier dimanche du mois après la messe de 10h30.

Insertion dans le tissu urbain

Tels des joyaux sertis dans des montures élaborées, toutes les églises vénitiennes, sauf Santa Maria dei Miracoli (photo ; p. 136), s'appuient à un autre édifice au moins sur un de leurs côtés ou s'intègrent à celui-ci. C'est le cas de **San Giovanni Crisostomo** (p. 136), havre de tranquillité et de pénombre dans le va-et-vient continuel des environs du pont du Rialto, et de **San Salvador** (p. 61). La première recèle des œuvres de Giovanni Bellini et de Sebastiano del Piombo, la seconde le monument funéraire de Catherine Cornaro, reine de Chypre.

Grands lieux de rassemblement

Les vastes églises des *sestieri* traditionnellement les plus peuplés (et les plus populaires), avec leur mélange d'œuvres d'art et d'objets de facture plus artisanale, témoignent d'une foi sincère et profonde.

NICKM86 / STOCK.ADOBE.COM ©

Certaines trahissent leur ancienneté, comme **San Giacomo dall'Orio** (p. 118), dotée d'un splendide plafond gothique en coque de navire, ou **San Martino** (Campo San Martino, Castello ; 9h30-12h et 16h-18h30). D'autres possèdent une immense nef centrale, à l'image de la **Chiesa dell'Angelo Raffaele** (Fondamenta de la Pescaria, Dorsoduro ; 10h-12h et 15h-17h lun-sam, 10h-12h dim), conçue pour accueillir la grande masse des fidèles de Dorsoduro, où résidait une importante communauté de pêcheurs.

Mausolées familiaux

Les églises de Venise se distinguent par leur profusion de monuments funéraires et de statues représentant des figures de la vie politique et économique, à mi-chemin de l'art sacré et de l'art profane. Plusieurs, parmi lesquelles **Santa Maria del Giglio** (p. 64) et **Santa Maria Formosa** (p. 156), ont même été entièrement construites à l'initiative de particuliers, finissant par devenir de véritables mausolées familiaux.

Les grands noms de l'art

À Venise, vous serez entouré par les œuvres d'artistes qui y vécurent entre le XVe et le XVIIIe siècle. Certains, plus inspirés que d'autres, laissèrent une trace profonde. Voici un petit répertoire pour connaître et reconnaître les plus grands peintres et architectes et découvrir leurs capolavori.

Architectes

Mauro Codussi (1440-1504). Il imprima un caractère spécifique à l'architecture Renaissance de Venise, où il conçut de nombreuses églises et des palais. Les cercles et incrustations en marbre polychrome sur les façades constituent sa marque de fabrique.

Jacopo Sansovino (1486-1570). Architecte sans rival à Venise entre 1530 et 1550, il réaménagea la place Saint-Marc, réalisant notamment la Biblioteca Marciana et la *loggetta* du campanile.

Andrea Palladio (1508-1580). Successeur de Sansovino, il s'est illustré par des constructions inspirées de Vitruve et de l'Antiquité romaine.

Baldassare Longhena (1598-1682). Partant des enseignements de Sansovino et de Palladio, cet architecte baroque marqua la Venise du XVIIIe siècle, qui lui doit en particulier la basilique Santa Maria della Salute.

Peintres

Canaletto (1697-1768). Figure de proue du védutisme, célèbre pour ses vues détaillées de Venise, presque "photographiques".

Vittore Carpaccio (1465-1525). Novateur sur le plan formel et chromatique, ce peintre excella aussi dans le rendu de la perspective. Ses œuvres témoignent de l'histoire de la ville et de ses habitants.

Palma le Vieux (1480-1528). Cet admirateur de Giorgione et de Titien a laissé à Venise quantité d'œuvres, mais n'en a signé qu'une seule.

Le Tintoret (1518-1594). Maître des effets de lumière, en particulier du clair-obscur, ce peintre maniériste se distingue par ses mises en scène dramatiques sur fond d'éléments architecturaux.

Palma le Jeune (1548-1628). Le petit-neveu de Palma le Vieux débuta en copiant des œuvres de Raphaël et de Titien, dont il acheva même une *Pietà* (Gallerie dell'Accademia).

Giambattista Tiepolo (1696-1770). Ce peintre rococo est surtout connu pour ses fresques monumentales.

Giandomenico Tiepolo (1727-1804). Fils et collaborateur

RENATA SEDMAKOVA/SHUTTERSTOCK ©

de Giambattista, il a su se faire un prénom en se dirigeant vers la caricature et le grotesque.

Titien (1488-1576). Il offrit à la peinture une approche poétique sans précédent.

Véronèse (1528-1588). Autre peintre maniériste, auteur de toiles majestueuses aux vives couleurs et empreintes de sérénité.

Où les admirer

Chiesa di San Michele in Isola et **Chiesa di San Giovanni Crisostomo** Respectivement la première et la dernière œuvre de Codussi. (p. 177 et p. 136)

Loggetta del Campanile di San Marco Un des nombreux chefs-d'œuvre vénitiens de Sansovino. (p. 57)

Chiesa del Santissimo Redentore Grande création palladienne se reflétant dans le canal de la Giudecca. (p. 97)

Chiesa di San Sebastiano L'église où est inhumé Véronèse est couverte de ses œuvres. (Campo San Sebastiano, Dorsoduro 1687)

Basilica di Santa Maria della Salute Avec sa grandiose coupole, l'église conçue par Longhena fait partie de l'horizon vénitien. (p. 78)

Scuola di San Giorgio degli Schiavoni abrite un cycle de peintures de Carpaccio. (p. 160)

Chiesa di Santa Maria Formosa S'y trouvent plusieurs peintures de Palma le Vieux, dont le polyptyque de Sainte Barbara. (p. 156)

Chiesa della Madonna dell'Orto Dans cette église où il repose, le Tintoret a laissé quelques-uns de ses chefs-d'œuvre. (voir photo. *Le père éternel dans sa gloire* ; p. 138)

Chiesa dei Gesuiti La sacristie abrite une vingtaine d'œuvres de Palma le Jeune. (p. 138)

I Frari Son *Assomption* valut au Titien la reconnaissance. (p. 106)

Scuola Grande dei Carmini Neuf magnifiques peintures de Giambattista Tiepolo ornent le plafond. (p. 89)

Ca' Rezzonico Les fresques de Giandomenico Tiepolo ont été réalisées par l'artiste pour son propre plaisir, et non sur commande. (p. 87)

Au fil de l'eau

La dimension aquatique qui définit Venise se révèle paradoxalement la plus difficile à appréhender pour un simple visiteur : il faut dire que les folkloriques gondoles qui baladent les touristes en mal de romantisme ne forment qu'une infime partie des bateaux naviguant sur la lagune.

Gondoles

Jadis l'apanage des nobles, qui disposaient de gondoliers à leur service, elles n'assurent plus que des **prestations touristiques** (sauf les gondoles de *traghetto*, p. 209), permettant de contempler Venise sous son meilleur angle et d'en apprendre davantage sur son histoire (même s'il ne faut pas prendre pour argent comptant tout ce que l'on vous racontera à bord). Les **gondoles** (80 €/30 min, 100 € 19h-8h) attendent à différentes stations (*stazi*), signalées par des panneaux verts, le long du Grand Canal.

Autres bateaux

De nombreuses autres embarcations traditionnelles sillonnent les eaux vénitiennes : les *sandoli* de Burano, les *sanpierote*, barques de pêche pansues du sud de la lagune, les grands *topi*, destinés au transport des marchandises, et les *tope*, plus petites et au tableau arrière plat, typiquement urbaines. Citons encore les très maniables *sandoleti* et les *mascarete*, pour les courts trajets. Ces dernières, de même que les *gondolini* (gondoles "sportives"), participent à la saison des régates, qui se conclut le premier dimanche de septembre par la Regata Storica (photo). Pour les cargaisons plus importantes, on utilisait les *caorline*, les *burci* ou encore les *peate*. Près de la Punta della Dogana, on voit souvent amarré l'un des derniers *trabaccoli* (caboteur à voile) existant,

PHOTOMDP/SHUTTERSTOCK ©

jadis employé pour le commerce maritime sur de moyennes distances.

Chantier naval

Les **squeraroli** sont les charpentiers de marine. Les **remeri** fabriquent les *forcole* (tolets) et les rames en fonction des caractéristiques des rameurs. La *forcola* est un instrument de précision : celle de la gondole a sept, voire huit positions, correspondant à autant de manœuvres.

Cours

Venice on Board (p. 145) ou **Rowvenice** (☎ 347 725 06 37 ; www.rowvenice.com ; cours de 90 min 85 € pour 1-2 personnes). Pour faire l'expérience d'un moment de navigation traditionnelle, dans un quartier calme et sans circulation.

Polos rayés

Emilio Ceccato (☎ 041 522 27 00 ; emilioceccato.com ; San Polo 16 ; ⏲ 10h-19h). Cette boutique au pied du pont du Rialto habille les gondoliers depuis 1902.

Figure de proue

Le célèbre *fero da prova* ("figure de proue" en fer) des gondoles est singulier. Ses six barres horizontales parallèles représenteraient les six *sestieri* (quartiers). D'autres éléments se voient aussi attribuer une signification. En réalité, les tableaux anciens montrent des modèles à 5, 7 ou 8 barres : il s'agit en fait d'un contrepoids au rameur, standardisé au XIXe siècle.

Avec des enfants

Si l'on excepte les canaux, dans lesquels tout Vénitien est tombé au moins une fois au cours de sa vie, Venise, ville sans voitures, convient parfaitement aux bambins et leur réserve nombre d'expériences captivantes.

Promenades

Itinerari Segreti Passages secrets, prisons mystérieuses et l'évasion de Casanova. (p. 51)

Vélo Arpentez le Lido et l'île de Pellestrina. (p. 188)

Musées

Creature di Gomma Cet incroyable musée de personnages en caoutchouc ravira les petits et les grands. Tous les héros sont là ! (p. 118)

Museo di Storia Naturale di Venezia Des dinosaures, des momies et même une chèvre à deux têtes. (p. 116)

Museo Storico Navale Pour tout savoir sur la flotte vénitienne. (p. 163)

Activités

Plage Les plages des îles du Sud de la lagune sont baignées par des eaux peu profondes, adaptées aux plus petits. (p. 200)

Tir à l'arc Les Arcieri del Leon accueillent les enfants à partir de 9 ans. (p. 199)

FallaniVenezia Pour découvrir la sérigraphie : châssis et racle en main, devenez artisan pour 1 heure (☎ 335 585 16 89 ; Cannaregio 5001/A ; 40 €/pers, 2 pers au minimum).

Freetime Diving Plongées pour les plus de 10 ans, près de l'hôtel Excelsior. (p. 198)

Rowvenice Les plus de 8 ans apprendront les techniques des gondoliers, les plus jeunes se feront aider par leurs parents. (p. 33)

Tragicomica Prêt à décorer votre masque pour le prochain carnaval ? (☎ 041 72 11 02 ; tragicomica.it ; San Tomà, San Polo 2800 ; ateliers 1-40 pers ; 🕒 sur réservation)

Parcs et jardins

Oasi WWF delle Dune degli Alberoni Réserve naturelle charmante. (p. 189)

Isola di Sant'Elena Pinède avec bancs, toboggans, balançoires, piste de patinage… et de l'ombre. (p. 165)

Infos utiles

Le site de l'association **Venezia dei Bambini**

PIERO PASINI/EDT ©

(veneziadeibambini.it) regorge d'informations. Sa page Facebook (www.fb.com/veneziadeibambini) offre un calendrier des événements.

Aires de jeux

Le jardin de la **Ca' Rezzonico** (p. 87) et la **Villa Groggia** (Cannaregio 3160) disposent d'espaces aménagés pour les enfants.

Shopping

Gilberto Penzo Pour construire une gondole en miniature. (p. 124)

La Casa di Leo Un nouveau magasin avec des jeux et des livres pour enfants qui organise également des activités variées. (p. 70)

C'era una Volta Beaux jouets, notamment en bois. (☎041 71 88 99 ; Dorsoduro 3739 ; ⏰10h-19h30 lun-sam ; San Tomà)

Bim Bum Bam Boutique spécialisée dans les Lego. (☎041 241 15 03 ; San Polo 383 ; ⏰10h-19h30 lun-sam)

La Sérénissime en livres et BD

Le Castor à l'oreille blanche, d'Anne Wouters (1990, Pastel)

Le Petit Cordonnier de Venise, de Pascal Lemaître (2007, Pastel)

Le Luthier de Venise, de Claude Clément (1991, Pastel)

Le professeur a disparu, de Jean-Philippe Arrou-Vignod (Folio junior, 2017)

La Sérénissime, de Jacques Martin, Jean Pleyers et Hugues Payen (Casterman, 2009), dans la collection "Les voyages de Jhen". Dans la même série, on retiendra *Venise*, de Jacques Martin et Enrico Sallustio (2017)

Marina, de Matteo et Zidrou (Dargaud, 2013-2017)

Fable de Venise, d'Hugo Pratt (Casterman, 2009)

Venise en 4 jours

Jour 1

ALEXANTON/SHUTTERSTOCK ©

Le premier jour sera consacré à la “grande” Venise, celle de la **place Saint-Marc** (photo ; p. 56) pour découvrir les lieux emblématiques de cette ville extraordinaire à l'histoire millénaire. Réservez vos billets pour les différents sites, et commencez par la **basilique** (p. 46), en essayant d'y être à l'ouverture. Puis direction le **palais des Doges** (p. 50), pour arpenter le dédale de salles, les tribunaux et les redoutables prisons. Poursuivez par le **musée Correr** (p. 59) et dans l'après-midi, promenez-vous le long des **quais de Castello** (p. 152). Rejoignez ensuite l'**Arsenale** (p. 163), témoin de la grandeur maritime de la République, avant de terminer votre journée au **Campo Santi Giovanni e Paolo** (p. 148).

Jour 2

PIERO PAASINI/EDT ©

Le **pont du Rialto** (photo ; p. 112) donne accès au **marché** (p. 108), cœur économique de la Sérénissime, et à l'entrelacs des ruelles et placettes de San Polo et Santa Croce.
En semaine et surtout le samedi matin, faites-y un tour pour vos emplettes et pour goûter à quelques *cicheti* (p. 14) dans l'un des nombreux *bacari* (p. 19) du quartier, par exemple **All'Arco** (p. 120). Déambulez ensuite dans les ruelles de **San Polo** (p. 101) pour atteindre **I Frari** (p. 106), l'une des plus riches églises de Venise qui abrite notamment la célèbre *Assomption* de Titien. Ensuite, consacrez-vous à l'art moderne et oriental de la **Ca' Pesaro** (p. 118) avant de mettre le cap sur **La Zucca** (p. 120) pour un repas où les légumes sont rois.

Jour 3

LEOKS/SHUTTERSTOCK ©

Consacrez le troisième jour à **Cannaregio** (p. 127), un quartier plein de vitalité. Il abrite le **Ghetto** (p. 128), un ensemble unique d'édifices assez hauts où se cachent cinq synagogues. Ses recoins inattendus, riches de réminiscences orientales, en font un lieu très évocateur, où l'on peut se promener à l'infini en s'arrêtant pour déguster quelques pâtisseries juives. Ensuite, embarquez pour les **îles du Nord** (p. 173) : **Murano, Burano** (photo) et **Torcello**. Une échappée idéale pour comprendre l'environnement lagunaire. En chemin vers les quais d'embarquement, faites un détour par la **Chiesa della Madonna dell'Orto** (p. 138), un petit bijou de gothique vénitien où le Tintoret à peint quelques chefs-d'œuvre.

Jour 4

KAVALENKAVA/SHUTTERSTOCK ©

Dans le **Dorsoduro** (p. 73), l'un des quartiers les plus élégants de la cité, commencez par la **Basilica della Salute** (p. 78), à la silhouette emblématique, non loin de l'ancienne douane, sur la **Punta della Dogana** (p. 84). La **Collection Peggy Guggenheim** (p. 86) est toute proche. Ne manquez pas les **Gallerie dell'Accademia** (p. 74), la plus importante collection d'art de Venise et de Vénitie. Aventurez-vous ensuite vers des lieux plus reculés. **San Nicolò dei Mendicoli** (p. 89) parle un langage silencieux, à l'opposé de celui des rues fréquentées de San Marco. Depuis les **Zattere** (p. 84), dirigez-vous vers la **Giudecca** (p. 96), et admirez le **Redentore** (photo ; p. 97), chef-d'œuvre de Palladio, avant de poursuivre vers **San Giorgio Maggiore** (p. 186).

Les basiques

Pour plus de renseignements, voir le *Carnet pratique* (p. 203)

Formalités
Carte d'identité ou passeport en cours de validité pour les citoyens de l'UE. Pour les Suisses et les Canadiens : passeport ; pas de visa requis jusqu'à 90 jours.

Téléphone
Les voyageurs européens peuvent utiliser leur forfait à Venise, sans surcoût. Les autres se renseigneront sur les frais d'itinérance.

Argent
Nombreux DAB. La plupart des hôtels, B&B et magasins acceptent les cartes bancaires. Vous devrez présenter une pièce d'identité pour changer de l'argent.

Pourboire
Facultatif (10%) dans les restaurants où le service n'est pas inclus, les bars, les bateaux-taxis et les hôtels.

Budget quotidien

Moins de 100 €

Nuit en auberge de jeunesse : 25 €

Assortiment de *cicheti* au déjeuner : 15 €

Entrée à la basilique Saint-Marc : 3 €

Circuit panoramique en *vaporetto* : 9,50 €

De 100 à 200 €

Nuit en chambre double : 80-140 €

Déjeuner pour deux en *osteria* : 60 €

Muve Museum Pass : 40 €

Billet combiné Palazzo Grassi-Punta della Dogana : 15 €

Plus de 200 €

Nuit en hôtel de luxe : 200 € et plus

Dîner dans un restaurant haut de gamme : 100-200 € par personne

Billet pour la Fenice : à partir de 80 €

Balade en gondole de 2 à 6 personnes : 80 €

Sites Internet

Lonely Planet www.lonelyplanet.fr
Comune di Venezia www.comune.venezia.it
VeneziaUnica www.veneziaunica.it

À prévoir

Trois mois avant Réservez votre hébergement pour la haute saison, les grands festivals et les manifestations particulières.
Un mois avant Achetez votre City Pass personnalisé sur le site de l'office du tourisme (www.veneziaunica.it). Si vous venez en voiture, réservez le parking.
Quelques jours avant Jetez un coup d'œil à la météo, et, à l'automne, renseignez-vous sur les éventuelles grandes marées.

Arriver à Venise

Aéroport Marco Polo

Le bus n°5 d'ACTV dessert la ville depuis l'aéroport (18 € aller-retour). Navette en *vaporetto* Alilaguna (27 € aller-retour). Un bateau-taxi du Consorzio Motoscafi coûte environ 122 €.

Aéroport Antonio Canova de Trévise

Desservi par de nombreuses compagnies low cost, l'aéroport de Trévise est relié à Venise par les bus ATVO (24 € aller-retour).

Stazione Venezia Santa Lucia

De nombreux trains s'arrêtent dans la principale gare de Venise, pratique pour rejoindre le centre.

Stazione Venezia Mestre

Certains trains longue distance s'arrêtent à Mestre, d'où les départs pour Venise sont très réguliers.

Piazzale Roma

Terminus des autobus des compagnies ACTV et ATVO et de certaines lignes internationales ; d'autres s'arrêtent dans la zone de Tronchetto.

P Piazzale Roma

On y trouve, comme à Tronchetto, les garages et parkings les plus pratiques.

Comment circuler

Vaporetto

Les embarcations d'ACTV desservent de nombreuses destinations et fonctionnent 24 heures sur 24.

Gondole de traghetto

Ces gondoles de traversée font la navette en plusieurs points entre les deux rives du Grand Canal (*barchéta*, 2 €).

Les quartiers de Venise

Cannaregio (p. 127)

Riche d'évocations levantines et européennes : statues de marchands de la Grèce ancienne et camélidés de pierre, oubliettes et synagogues surmontant les maisons du Ghetto.

San Polo et Santa Croce (p. 101)

Du Rialto, centre originel, au Piazzale Roma, seul lieu de Venise où circulent des voitures, un dédale de ruelles qui retrace toute l'histoire de la cité.

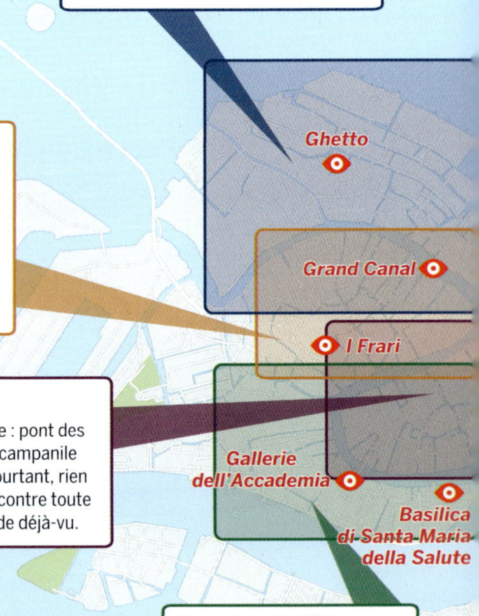

San Marco (p. 45)

Un quartier de carte postale : pont des Soupirs, place Saint-Marc, campanile et masques de carnaval. Pourtant, rien de banal dans tout cela et, contre toute attente, aucune sensation de déjà-vu.

Dorsoduro (p. 73)

Collections d'œuvres d'art remarquables, flânerie le long de canaux paisibles ou des quais ensoleillés des Zattere et places animées idéales à l'heure de l'apéritif.

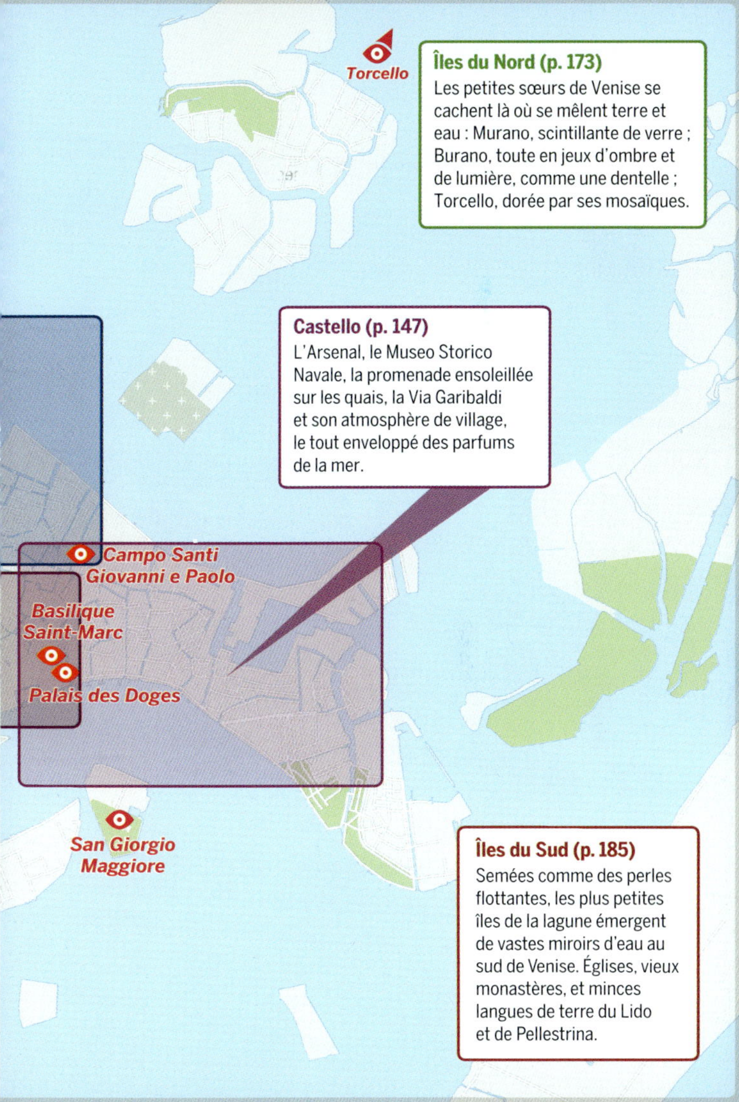

Îles du Nord (p. 173)

Les petites sœurs de Venise se cachent là où se mêlent terre et eau : Murano, scintillante de verre ; Burano, toute en jeux d'ombre et de lumière, comme une dentelle ; Torcello, dorée par ses mosaïques.

Castello (p. 147)

L'Arsenal, le Museo Storico Navale, la promenade ensoleillée sur les quais, la Via Garibaldi et son atmosphère de village, le tout enveloppé des parfums de la mer.

Îles du Sud (p. 185)

Semées comme des perles flottantes, les plus petites îles de la lagune émergent de vastes miroirs d'eau au sud de Venise. Églises, vieux monastères, et minces langues de terre du Lido et de Pellestrina.

Explorer Venise

Basilique Saint-Marc (p. 46) vue de la Biblioteca Nazionale Marciana

Explorer

San Marco

Bordant l'ancien port, montant la garde à l'entrée du Grand Canal, le plus célèbre sestiere (quartier) de Venise tire son nom de la basilique et de la seule piazza de la ville – et le partage avec une partie de la lagune, le bassin de Saint-Marc, dans laquelle se mirent les façades de certaines des plus belles églises de la ville. La magnificence de l'ensemble ne doit cependant pas éclipser les nombreuses autres merveilles de ce quartier raffiné et resplendissant. Centre politique de la Sérénissime, il constituait avec le pôle économique de Rialto le noyau d'origine de Venise. Sa visite est fondamentale pour comprendre la gloire passée de la République.

Notre sélection

- ***Basilique Saint-Marc (p. 46)****. Le lieu de culte qui scelle la relation entre les Vénitiens et leur saint patron est un fragment de Byzance en plein cœur de la ville.*
- ***Palais des Doges (p. 50)****. Ce dédale, devenu un incroyable musée, abritait le siège du gouvernement.*
- ***Cafés historiques (p. 67)****. Un peu de détente et d'histoire dans les cafés de la place Saint-Marc.*

Comment y aller

Vaporetto Les principaux arrêts sont Rialto et San Marco, où accostent les lignes n^{os}1, 2 et N.

Traghetto L'une des plus anciennes stations se trouve devant San Marco. Par grand vent, le service est parfois interrompu.

Plan du quartier p. 54

Place Saint-Marc SONGQUAN DENG/SHUTTERSTOCK ©

Les incontournables

Être ébloui par la basilique Saint-Marc

Fondée en 832, la Basilica di San Marco n'est la cathédrale de Venise que depuis 1807. Elle était en effet jusqu'alors régie par le doge et non par le patriarche : une église "d'État", en quelque sorte. Elle a symbolisé l'indépendance de Venise, et l'alliance entre son peuple et son saint patron, Marc, dont les reliques étaient arrivées d'Alexandrie après un voyage mouvementé, cachées sous de la viande de porc pour les soustraire à la convoitise des musulmans.

PLAN P. 54, H4

041 270 83 11

www.basilicasanmarco.it

Tarif plein 3 €

Avec Pala d'Oro/Musée 8/10 €

9h30-17h15 lun-sam et 14h-17h15 dim

San Marco

Entre Orient et Occident

La basilique Saint-Marc offre la trace la plus visible du passé byzantin de la ville. Son aspect actuel remonte au remaniement de 1060. À l'époque, Venise était encore fortement liée à Constantinople : le plan de l'édifice, surmonté de cinq coupoles, reprend le plan byzantin en croix grecque de son église des Saints-Apôtres, aujourd'hui disparue.

Extérieur

Les butins des croisades, notamment la quatrième (1204), vinrent enrichir cette inspiration orientale. Sur une terrasse dominant l'entrée se dresse le célèbre **quadrige de chevaux** provenant de l'hippodrome de Constantinople (des copies, les originaux étant conservés à l'intérieur depuis 1981). Quelques éléments moins connus sont à voir sur le côté sud de l'édifice (côté lagune) : à l'angle, la *pietra del bando*, un **tronçon de colonne de porphyre** sur lequel on prononçait les lois et les bans de la République (comme le Gobbo, p. 112) ; **deux piliers** de la basilique Saint-Polyeucte de Saint-Jean-d'Acre ; et surtout, près de la Porta della Carta (palais des Doges), les **Tétrarques** de porphyre (IIIe siècle, rapportés de Constantinople) représentant les quatre gouverneurs (deux pour l'Empire romain d'Occident, deux pour celui d'Orient) institués par la réforme administrative de Dioclétien.

Intérieur

L'apport des églises byzantines se confirme à l'intérieur. Les trois nefs, au pavement de marbre gondolé par le temps, arborent des arcs outrepassés et des chapiteaux byzantins. Et le visiteur est ébloui par plus de 4 240 m^{2} de mosaïques, assemblées à partir du XIIIe siècle par des maîtres de Ravenne formés par des Byzantins. Après le portail, dont la voûte représente la translation des reliques de saint

★ À savoir

- Visitez la basilique tôt le matin, pour éviter des heures de file d'attente ou, mieux encore, achetez votre billet à l'avance sur le site : le surcoût en vaut la peine.
- Préparez votre visite en vous documentant avant de venir : il est difficile de s'arrêter longtemps au même endroit, surtout s'il y a du monde.
- N'oubliez pas l'étage, où vous pourrez voir les originaux du quadrige de Constantinople et admirer la place et la basilique sous un autre angle.

Une petite pause ?

Au **Caffè Lavena** (p. 67), fréquenté par Richard Wagner et Gabriele D'Annunzio ; on y boit (au comptoir) les cafés les moins chers de la place.

Marc, on accède au **narthex**, doté d'un pavement des XIe et XIIe siècles et de mosaïques des XIIe-XIIIe siècles représentant des scènes de l'Ancien Testament. Dans la première travée, les 24 scènes de la **coupole de la Création** s'inspirent de la bible de Cotton, codex enluminé du VIe siècle. Plus loin, dans les niches bordant l'entrée vers la nef, les mosaïques les plus anciennes représentent la Vierge, les apôtres et, en dessous, les évangélistes. Les mosaïques du Jugement dernier et de l'Apocalypse (refaites au XIXe siècle) couvrent les deux voûtes de l'entrée. Dans la coupole de la Pentecôte, première de la nef principale, la colombe de l'Esprit saint envoie des langues de feu sur les apôtres. Le baptistère (XIVe siècle) et le presbytère valent aussi le détour. Enfin, derrière le maître-autel, au-dessus du **sarcophage de saint Marc**, ne manquez pas le retable **Pala d'Oro** (tarif plein 5 €, -7 ans gratuit ; 🕒9h45-16h45 lun-sam et 14h-16h30 dim nov à mi-avr, 9h35-17h lun-sam et 14h-17h dim mi-avr à oct), chef-d'œuvre d'orfèvrerie vénéto-byzantine (1105-1345), serti de 1 927 pierres précieuses : émeraudes, améthystes, saphirs, rubis et perles. Les plaques d'émaux cloisonnés, de facture exquise, illustrent des scènes bibliques. Les médaillons du bas illustrent, sur la droite, l'enlèvement de la dépouille de saint Marc en Égypte.

Trésor

On accède au **Tesoro di San Marco** (tarif plein/réduit 3/1,50 € ; 🕒9h45-16h45 lun-sam et 14h-16h30 dim nov à mi-avr, 9h35-17h lun-sam et 14h-17h dim mi-avr à oct) par le bras sud du transept. Le musée comprend trois espaces : l'Antitesoro, qui abrite une statue en argent de saint Marc (1804) ; le Santuario, qui présente 110 reliquaires dans 11 niches ; et le Tesoro à proprement parler, où sont conservées de précieuses pièces provenant de tout l'Orient, de facture byzantine, rapportées à Venise après la quatrième croisade.

Musée

La basilique ayant été la chapelle privée des doges jusqu'en 1807, leurs somptueux trésors y sont conservés, à l'étage, dans le **Museo di San Marco** (www.museosanmarco.it ; tarif plein 7 €, -7 ans gratuit ; 🕒9h45-16h45 nov à mi-avr, 9h35-17h mi-avr à oct). Les originaux des **chevaux en cuivre** de la façade, d'époque romaine, y sont exposés. Après avoir pris Venise en 1797, Napoléon les emporta et les fit installer sur l'arc de triomphe du Carrousel, à Paris. En 1815, après la défaite de Waterloo, les Autrichiens les restituèrent à Venise. Le musée présente aussi des fragments de mosaïque (XIIIe-XVe siècle) déposés au XIXe siècle, et notamment ceux de l'*Arbre généalogique de la Vierge*, dans le bras nord du transept. Une section est dédiée au textile – tapis, antependiums et tentures – dans ce qui fut la **salle de banquet du doge**, décorée de moulures du XVIIIe siècle, allégories de la Musique, de la Poésie et de la Paix. Au centre de la pièce trône la **Pala feriale** de Paolo Veneziano (1345), qui dépeint des scènes de la vie de saint Marc.

Basilique Saint-Marc

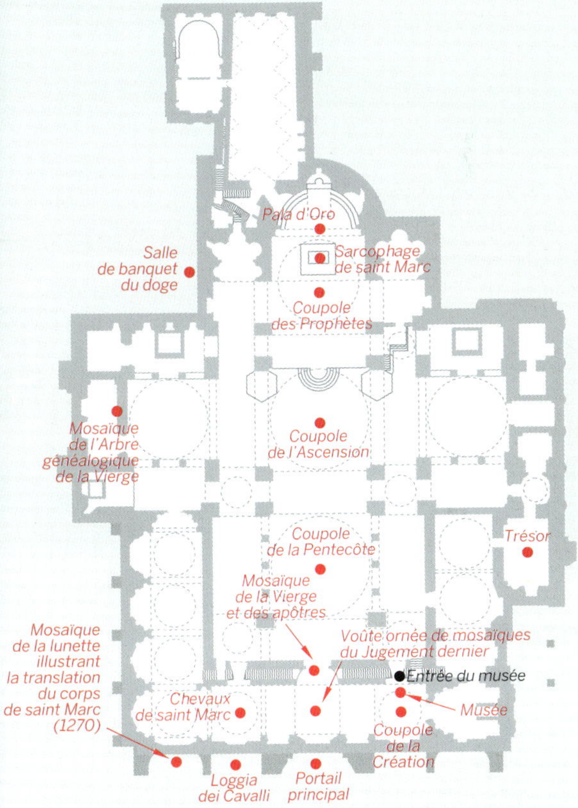

Rez-de-chaussée

Les incontournables

Se perdre dans le dédale du palais des Doges

Le Palazzo Ducale fut érigé à partir de 810 pour protéger le nouveau siège du gouvernement. Il fit l'objet de plusieurs aménagements et connut un remaniement important en 1340, lorsque la République décida de construire une salle pour le Grand Conseil. Ce dernier ne put s'y réunir qu'à partir de 1419, car la construction des murs donnant sur la petite place et le quai nécessita près d'un demi-siècle de travaux.

PLAN P. 54, H4
041 271 59 11
palazzoducale.visitmuve.it
Piazza San Marco 1
Billet unique musées de la Piazza San Marco tarif plein/réduit 30/15 € ou MUVE Museum Pass 36/19 €
9h-18h
San Zaccaria

Extérieur et Porta della Carta

Ce palais illustre à merveille le gothique vénitien. Les façades d'Antonio da Ponte, savant mélange de pierre d'Istrie et de marbre de Vérone, sont percées de grandes baies. Deux de celles qui donnent sur la lagune sont polylobées, vestiges du palais détruit par l'incendie de 1577. Attardez-vous sur la colonnade et ses chapiteaux, ornés de représentations des corporations de métiers, d'épisodes bibliques et de créatures fantastiques. À sa jonction avec la basilique Saint-Marc apparaît la magnifique **Porta della Carta** (porte du Papier) ; ancienne entrée du palais, elle exprime les fondements de l'organisation vénitienne, où tout découle du principe de justice (sculpture au sommet) auquel le doge lui-même était soumis : on le voit agenouillé devant le lion de saint Marc, symbole de la République (p. 53).

Cour et étage des loggias

Franchissez la **Porta del Frumento** (porte du Froment), sur la façade sud du palais (celle de la billetterie), et entrez dans la cour. L'apport de la Renaissance est ici plus évident. L'imposante **Scala dei Giganti** (escalier des Géants), dans l'alignement de la Porta della Carta, est un chef-d'œuvre d'Antonio Rizzo (fin du XVe siècle), en haut duquel trônent les statues de Mars et de Neptune, de Sansovino, symboles de la puissance maritime et terrestre. Au centre de la cour, les deux *vere da pozzo* (margelles de puits), coulées dans du bronze au XVe siècle, sont très ornementées. Le côté nord de la cour est occupé par la complexe façade "dell'orologio" (horloge), du XVIIIe siècle, qui borde le **Porticato Foscari** (la galerie reliant la Porta della Carta à la cour). Vous apercevrez en arrière-plan les coupoles et les flèches de la basilique, mais surtout les simples briques du bâtiment brut.

★ À savoir

- Réservez votre billet sur le site.
- Pour voir les pièces inaccessibles en visite classique – dont les Plombs (les anciennes prisons) –, participez à une visite guidée avec **Itinerari Segreti** (☎848 08 20 00 ; tarif plein/réduit 20/14 € ; ⌚visites guidées 9h30 et 11h10, durée 1 heure15, réservation obligatoire ; à partir de 6 ans). Vous suivrez le parcours des détenus, qui empruntaient le pont des Soupirs pour rejoindre les Prigioni Nuove. Dans les cachots humides d'où Casanova réussit à s'évader, les murs sont couverts d'inscriptions, et le marbre au sol provient du sac de Constantinople.

✕ Une petite pause ?

Le **café** du Palais des Doges permet d'admirer les loggias gothiques. Le **café** du **Museo Correr** (p. 59) bénéficie quant à lui de la plus belle vue sur la place Saint-Marc.

Parcours de la visite

En raison d'une modification du parcours, certains espaces du palais ne se visitent plus qu'à l'occasion d'expositions temporaires. C'est notamment le cas des appartements du Doge et de ses magnifiques salles : la **Sala dello Scudo** (salle de l'Écusson ou du Bouclier) et ses cartes représentant les possessions et explorations vénitiennes, ou la **Sala degli Stucchi** (salle des Stucs). La déception de ne pas pouvoir les visiter avec un billet d'entrée classique est tempérée par la plus grande logique du nouveau circuit, organisé selon un itinéraire qui progresse d'étage en étage.

Depuis la cour, la **Scala d'Oro** (escalier d'or), du XVIe siècle, couverte de stucs et de grotesques, conduit au début du circuit fléché qui vous fera traverser toutes les salles liées à l'administration de l'État et de la justice. Les espaces réservés aux magistratures étaient structurés verticalement, depuis les *pozzi* (les prisons situées sous le niveau de l'eau) jusqu'aux différents tribunaux : préparez-vous donc aux multiples escaliers que vous devrez affronter.

Vous accéderez à l'**Atrio Quadrato** (atrium carré), au beau plafond de bois, puis à la **Sala delle Quattro Porte** (salle des Quatre Portes), où les ambassadeurs attendaient d'être introduits auprès du doge sous une voûte en berceau ornée de moulures en stuc. Le pouvoir est aussi représenté dans les œuvres de Titien, *Le Doge Antonio Grimani agenouillé devant la Foi en présence de saint Marc* (1554), et de Giambattista Tiepolo, *Neptune offrant des cadeaux à Venise* (1748). Les délégations patientaient dans l'Anticollegio (Anticollège), pièce décorée d'œuvres mythologiques et allégoriques. Celle-ci donne sur la Sala del Collegio (salle du Collège), où le doge présidait les réunions. Le centre de la Sala del Consiglio dei Dieci (salle du Conseil des Dix) est orné de la copie d'une fresque de Véronèse, *Jupiter foudroyant les vices* (1556), dont l'original est exposé au Louvre. Dans la Sala della Bussola (salle de la Boussole), adjacente, est exposée l'urne recueillant les dénonciations anonymes, ainsi que la copie d'une fresque de Véronèse : *Saint Marc récompensant les vertus* (1556), dont l'original fut également emporté par Napoléon au Louvre.

Après un détour par les diverses salles composant l'**armurerie**, on accède à la **Sala del Maggior Consiglio** qui accueillait les sessions du Grand Conseil. Cette vaste salle est entièrement ornée de grandioses peintures à la gloire de Venise. On notera notamment *Le Paradis*, une immense peinture à l'huile du Tintoret. Dans la **Sala dello Scrutinio**, voisine, se déroulait le dépouillement des différents scrutins.

Les salles "secrètes"

Le circuit d'**Itinerari Segreti** (p. 51) permet de visiter les lieux dédiés à l'administration de la justice :

La machine d'État de la Sérénissime

L'ensemble ornemental de la Porta della Carta, où les écrivains publics se regroupaient (d'où son nom), illustre bien la conception que les Vénitiens avaient de l'État. Le doge sculpté est agenouillé devant le lion de saint Marc, symbole de la République, dont il est le serviteur. L'État est assimilé à une émanation de saint Marc lui-même ; surplombant le doge, il régit toute chose en vertu de la justice, dont une représentation domine la scène.

Le gouvernement vénitien était une "machine" très complexe, reposant sur le Maggior Consiglio (le Grand Conseil), organe législatif composée de patriciens, qui compta à certaines périodes jusqu'à 1 500 membres. Il élisait la plupart des charges publiques, doge compris. Le Sénat, également appelé Consiglio dei Pregadi, parce que le doge "priait" les sénateurs de participer aux réunions, était la seule magistrature bénéficiant de pouvoirs judiciaires, législatifs et exécutifs.

Une grande partie de la machine d'État se consacrait à l'administration de la justice, avec des entités (Quarantie) compétentes dans le domaine pénal et civil, et des procureurs (Avogadori de Comun). Le doge, enfin, était à la tête d'une "équipe" de six membres (un par *sestiere*, composant le Minor Consiglio) avec lesquels il siégeait dans la Signoria, son cabinet, en quelque sorte. Malgré sa composition purement oligarchique, cet ordonnancement complexe put éviter des conjurations, comme celle du doge Marino Faliero qui ourdit un complot pour asseoir la domination de sa famille contre les patriciens dominant la cité. Il fut condamné à être décapité en 1355. Dans la Sala del Maggior Consiglio, son portrait est couvert d'un voile noir, en signe de déshonneur. Cette architecture du pouvoir permit en outre de destituer des doges considérés comme inaptes à leurs fonctions, comme Francesco Foscari, en 1457.

la **Cancelleria** (Chancellerie), débordant d'armoires où l'on conservait les rapports des espions vénitiens, les documents des procès et les sentences ; puis la Sala della Tortura (salle de la Torture), lieu des interrogatoires. Sous les toits, vous découvrirez la prison des **Piombi** (Plombs), où Casanova fut condamné à cinq ans de réclusion pour avoir séduit des religieuses et voulu propager la franc-maçonnerie. Ses mémoires racontent son évasion en 1756 par le toit.

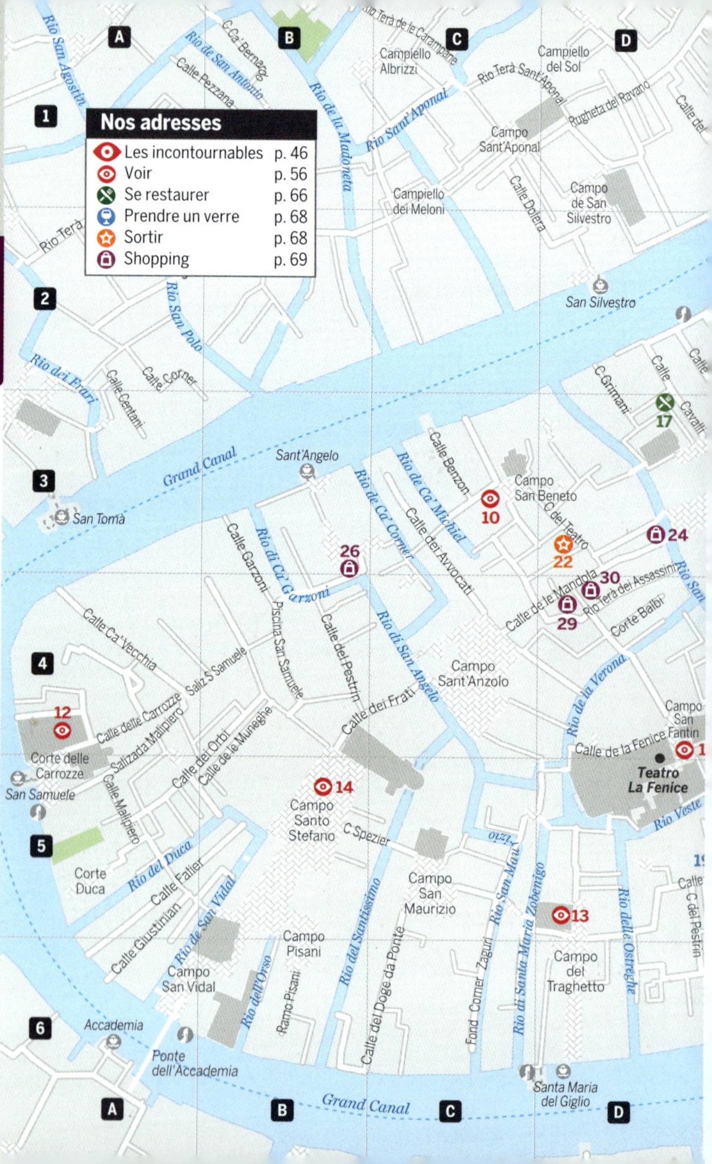
Nos adresses
Les incontournables p. 46
Voir p. 56
Se restaurer p. 66
Prendre un verre p. 68
Sortir p. 68
Shopping p. 69
A
B
C
D
1
2
3
4
5
6
Rio San Agostin
Rio de San Antonio
C. Ca' Bernardo
Calle Pezzana
Rio de la Madoneta
Rio Terà de le Carampane
Campiello Albrizzi
Rio Sant'Aponal
Rio Terà Sant'Aponal
Campiello del Sol
Rugheta del Ravano
Campo Sant'Aponal
Campiello dei Meloni
Calle Dolera
Campo de San Silvestro
San Silvestro
Rio Terà
Rio San Polo
Rio dei Frari
Calle Centani
Calle Corner
Grand Canal
Sant'Angelo
San Tomà
C. Grimani
Calle Cavalli
17
Calle Benzon
Rio de Ca' Michiel
Campo San Beneto
C. del Teatro
10
22
24
30
29
26
Rio de Ca' Corner
Calle dei Avvocati
Calle de le Mandola
Rio Terà dei Assassini
Corte Balbi
Rio San Luca
Rio di Ca' Garzoni
Calle Garzoni
Piscina San Samuele
Calle del Pestrin
Rio di San Angelo
Campo Sant'Anzolo
Rio de la Verona
Campo San Fantin
Calle de la Fenice
Teatro La Fenice
Rio Veste
Calle Ca' Vecchia
Saliz. S. Samuele
Calle delle Carrozze
Salizada Malipiero
Calle dei Orbi
Calle de le Muneghe
Calle dei Frati
12
Corte delle Carrozze
San Samuele
Calle Malipiero
14
Campo Santo Stefano
C. Spezier
Campo San Maurizio
Corte Duca
Rio del Duca
Calle Falier
Calle Giustinian
Rio de San Vidal
Campo San Vidal
Campo Pisani
Rio dell'Orso
Ramo Pisani
Rio del Santissimo
Calle del Doge da Ponte
Fond. Corner Zaguri
Rio San Maurizio
Rio di Santa Maria Zobenigo
13
Campo del Traghetto
Rio delle Ostreghe
C. del Pestrin
Accademia
Ponte dell'Accademia
Santa Maria del Giglio

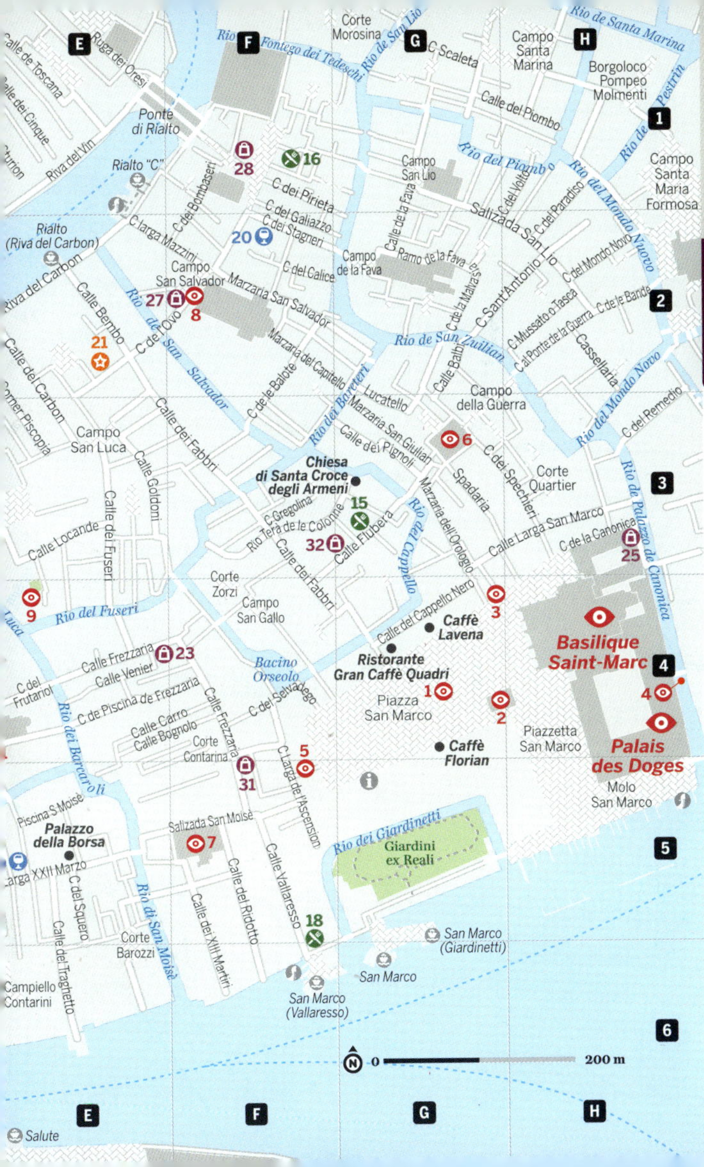
E
F
G
H
1
2
3
4
5
6
Rio de Santa Marina
Corte Morosina
Rio Fontego dei Tedeschi
Rio de San Lio
C. Scaleta
Campo Santa Marina
Borgoloco Pompeo Molmenti
Rio de Pestrin
Calle del Piombo
Ruga dei Oresi
Calle de Toscana
Calle dei Cinque
Ponte di Rialto
Riva del Vin
Rialto "C"
Rialto (Riva del Carbon)
Riva del Carbon
28
16
C. dei Bombaseri
C. dei Pirieta
C. del Galiazzo
C. dei Stagneri
20
Campo San Lio
Calle de la Fava
Rio del Piombo
C. del Volto
Salizada San Lio
C. del Paradiso
Rio del Mondo Nuovo
Campo Santa Maria Formosa
C. larga Mazzini
Campo San Salvador
27
8
Marzaria San Salvador
C. del Calice
Campo de la Fava
Ramo de la Fava
C. de la Malvasia
C. Sant'Antonio
C. del Mondo Novo
C. Mussato o Tasca
Cal Ponte de la Guerra
C. de le Bande
Casselleria
Calle Bembo
21
C. del Ovo
Rio de San Salvador
Marzaria del Capitello
C. de le Balote
Rio de San Zulian
Calle Balbi
Campo della Guerra
Lucatello
Rio dei Bareteri
Marzaria San Giulian
Calle dei Pignoli
Rio del Mondo Novo
C. del Remedio
Calle del Carbon
Corner Piscopia
Campo San Luca
Calle dei Fabbri
Calle Goldoni
6
C. dei Specchieri
Spadaria
Corte Quartier
Chiesa di Santa Croce degli Armeni
15
C. Gregolina
Rio Terà de le Colonne
Calle Flubera
Rio del Cappello
Marzaria dell'Orologio
Calle Larga San Marco
C. de la Canonica
Rio de Palazzo de Canonica
25
Calle Locande
Calle dei Fuseri
32
Calle dei Fabbri
Corte Zorzi
Campo San Gallo
9
Rio del Fuseri
Calle del Cappello Nero
3
Caffè Lavena
Basilique Saint-Marc
Calle Frezzaria
23
Calle Venier
C. del Frutariol
Bacino Orseolo
Ristorante Gran Caffè Quadri
1
Piazza San Marco
2
4
C. de Piscina de Frezzaria
Calle Carro
Calle Bognolo
Corte Contarina
Calle Frezzaria
C. del Selvadego
Rio dei Barcaroli
31
C. Larga de l'Ascension
5
Caffè Florian
Piazzetta San Marco
Palais des Doges
Molo San Marco
Piscina S. Moisè
Palazzo della Borsa
Salizada San Moisè
7
Rio dei Giardinetti
Giardini ex Reali
Larga XXII Marzo
C. del Squero
Calle del Traghetto
Rio di San Moisè
Calle dei XIII Martiri
Calle del Ridotto
Calle Vallaresso
18
San Marco (Giardinetti)
Corte Barozzi
San Marco
San Marco (Vallaresso)
Campiello Contarini
0
200 m
Salute

Voir

Place Saint-Marc PLACE

1 PLAN P. 54, G4

Bordée par des cafés historiques, la Piazza San Marco accueillait autrefois un marché et des célébrations publiques. Trois de ses côtés sont fermés par des bâtiments à arcades : au nord et au sud, ceux des **Procuratie Vecchie** et des **Procuratie Nuove**, résidences des procurateurs, charge la plus prestigieuse dans la République de Venise après celle du doge et couronnement d'une belle carrière politique. Ceux-ci étaient chargés de la protection et de l'entretien de la basilique Saint-Marc et des œuvres charitables de la ville. Les Procuratie Vecchie, côté nord, furent réalisées au début du XVe siècle en remplacement des précédentes, de style vénéto-byzantin ; les Nuove, quant à elles, furent commencées par Vincenzo Scamozzi (1582-1586) et achevées par Longhena en 1640. L'ouest de la place est fermé par l'**Ala Napoleonica** (ou Palazzo Reale, ou Procuratie Nuovissime), édifiée entre 1805 et 1814 pour le vice-roi Eugène de Beauharnais (fils de Joséphine, adopté par Napoléon), en abattant l'ancienne église San Geminiano, de Sansovino. Ornée de sculptures représentant les empereurs romains, elle abrite le Museo Correr (p. 59).

L'espace sur lequel donne le palais des Doges est appelé **Piazzetta San Marco** ; côté lagune, il accueille deux hautes colonnes rapportées d'Orient,

La place Saint-Marc et le Campanile

peut-être de Constantinople, au XIe siècle, portant l'une un lion ailé, symbole de saint Marc (sculpture de bronze ancienne, de Grèce ou de Syrie, probablement une chimère à laquelle on a ajouté des ailes), et l'autre saint Théodore, premier patron de Venise, qui tue un dragon. Elles délimitaient l'emplacement des exécutions capitales, dont les sentences étaient en revanche prononcées entre les deux colonnes rouges de la loggia du palais des Doges, du côté qui longe précisément la Piazzetta. Au-delà, le **Molo** était un môle d'amarrage jusqu'au XIXe siècle.

Au nord de la basilique, la **Piazzetta dei Leoncini** tire son nom de deux petits lions de marbre rouge. La place est aujourd'hui une zone muséale, sur laquelle donnent les cafés historiques et leurs orchestres qui charment les visiteurs (encadré p. 67). C'était pourtant autrefois un marché, un espace dévolu aux célébrations publiques, et, il y a quelques décennies encore, le lieu consacré de la promenade du soir, qui, comme dans d'autres villes de Vénétie, s'appelle *listòn*. (San Marco)

Campanile di San Marco

CAMPANILE

2 PLAN P. 54, G4

Pour les Vénitiens, c'est *el paròn de casa* (maître de maison), symbole de la ville. Érigé au IXe siècle, pour faire office de tour de vigie ou de phare (des sources historiques rapportent que l'on allumait un grand feu en haut), il devint un campanile au XIe siècle et prit sa forme actuelle au XVe siècle. C'est à son ombre que l'on buvait l'*ombra* (verre de vin ; encadré ci-dessous), tandis que sa grosse cloche appelait au travail les *marangoni*, les ouvriers de l'Arsenal : elle y gagna le surnom de **Marangona** et, seule survivante des cinq cloches d'origine, résonne encore dans tout Venise. Pendant le carnaval, c'est de son sommet que part le "vol de l'ange" : une jeune fille suspendue à un câble "vole" jusqu'au pied de l'Ala Napoleonica (remplaçant l'acrobate qui, jusqu'au XVIIIe siècle, marchait sur une corde). Souvent frappé par la foudre au fil du temps, l'édifice s'écroula en 1902, avant d'être reconstruit à l'identique en dix ans. (041 270 83 11 ; www.basilicasanmarco.it ; Piazza San Marco ;

À l'ombre du campanile

La place Saint-Marc accueillait autrefois les marchands de vin ambulants. Pour conserver la fraîcheur de leurs boissons, ils les protégeaient du soleil en suivant l'ombre du campanile. Ce qui explique l'expression favorite des Vénitiens, qui, pour commander un verre de vin, demandent *un ombra*.

Opération saint Marc

Il y a deux mille ans, raconte la légende, un navire parti d'Aquileia pour Alexandrie dut, par gros temps, s'abriter dans la lagune. Un certain Marc était du voyage. Pendant son sommeil, un ange lui apparut et lui prédit qu'il aurait un jour fondé sur cette île une ville merveilleuse, dans laquelle il aurait trouvé paix et repos pour l'éternité : "Pax tibi Marce, evangelista meus." Marc repartit et gagna Alexandrie, où il prêcha l'Évangile et mourut en martyr. Ses restes furent cachés par ses disciples. Entre-temps, une ville était vraiment née dans la lagune, et ses habitants cherchaient un saint pour la protéger. C'est ainsi qu'en 829, Rustico da Torcello et Buono da Malamocco prirent la mer pour Alexandrie, retrouvèrent la dépouille de Marc, s'en emparèrent et la firent embarquer avec une cargaison de viande de porc, pour éviter tout problème avec les musulmans. De retour à Venise, ils y déposèrent le saint et lui érigèrent une basilique.

tarif plein 10 € ; 9h30-21h15 mi-avr à sept, horaires réduits le reste de l'année, fermé en jan ; San Marco)

Torre dell'Orologio

MUSÉE

3 PLAN P. 54, G4

Jusqu'en 1997, une personne vivait dans la tour, avec mission de contrôler le fonctionnement de l'horloge. Son chauffe-eau est toujours là, logé entre poulies et contrepoids. Vous pourrez le constater en participant à une visite guidée, sur réservation (retrait des billets et rendez-vous au Museo Correr, ci-contre).

Le carillon de la tour de l'Horloge ne se fait entendre que deux fois par an, pour l'Épiphanie et l'Ascension, dévoilant alors le défilé des personnages de la Nativité et des Rois mages. Mais on s'émerveille toute l'année devant cette horloge Renaissance, ornée d'émaux et de dorures, qui indique le jour, l'heure, les phases lunaires et le zodiaque. Au sommet de l'édifice, deux **Maures** frappent une cloche autour de chaque heure : le plus vieux, barbu, la fait sonner deux minutes avant l'heure, pour marquer le temps qui est passé ; le plus jeune, imberbe, le fait deux minutes après l'heure, pour le temps à venir. Empruntez l'escalier en colimaçon pour aller observer les mécanismes. Entrée par le passage voûté sous la tour. (848 082 000 ; torreorologio.visitmuve.it ; Merceria dell'Orologio, San Marco 147 ; tarif plein/réduit 14/11 € ; visite guidée en français 15h mar-mer, 14h jeu et dim, 11h sam, réservation obligatoire ; à partir de 6 ans ; San Marco)

Pont des Soupirs

PONT

4 PLAN P. 54, H4 ;

Les soupirs étaient ceux des prisonniers qui traversaient ce pont de pierre construit en 1614 pour passer du palais des Doges, où se trouvait le tribunal, aux Prigioni Nuove (Nouvelles Prisons). Grâce aux Itinerari Segreti (p. 51), on accède au pont depuis la Sala del Magistrato alle Leggi, une salle du palais des Doges décorée de peintures de Jérôme Bosch. (San Zaccaria)

Museo Correr

MUSÉE

5 PLAN P. 54, F5

Ce musée fut créé en 1830 grâce au legs de Teodoro Correr, qui, après une carrière politique dans la Sérénissime, devint collectionneur d'art et d'antiquités. Parmi les œuvres remarquables, outre la mappemonde de Fra Mauro, on trouve des manuscrits de Pétrarque, la *Vue de Venise* de Jacopo de' Barbari, les saints représentés par Jacopo Bellini et ses fils Gentile et Giovanni (salle 36), les *Deux Dames vénitiennes* de Carpaccio (salle 38) et un magnifique portrait (1784) de Maria Boscola, qui remporta cinq régates (salle 47). L'ensemble statuaire *Orphée et Eurydice* de Canova (1775-1776) occupe la salle de bal néoclassique. Le bâtiment abrite aussi le **Museo Archeologico Nazionale di Venezia** dont la collection date du XVIe siècle. (041 240 52 11, réservations 848 08 20 00 ; correr.visitmuve.it ; Piazza San Marco 52 ;

L'horloge

Le quartier arménien

La splendide île de San Lazzaro degli Armeni (p. 199) n'est pas le seul témoin du lien entre Venise et l'Asie. À partir du milieu du XIIIe siècle, les Arméniens s'établirent dans un petit quartier proche de la place Saint-Marc, auquel on accède en prenant la *calle* qui s'ouvre face à San Zulian (ci-dessous) et en tournant à droite après le premier pont. Vous n'y remarquerez aucune particularité architecturale, hormis des maisons éventuellement un peu plus hautes, à l'instar de celles du Ghetto (p. 128). Mais si vous passez par le Sotoportego degli Armeni le dernier dimanche du mois après la messe de 10h30, vous remarquerez qu'une petite porte y est alors ouverte. C'est celle de la **Chiesa di Santa Croce degli Armeni** (plan p. 54, G3), un petit bijou où la communauté se retrouve pour prier, et que vous pourrez visiter après le rite.

billet unique musées de la Piazza San Marco tarif plein/réduit 30/15 € ou MUVE Museum Pass, tarif plein/réduit 36/19 € ; 10h-18h ; San Marco)

Chiesa di San Zulian ÉGLISE

6 PLAN P. 54, G3

Cette église présente une intrigante façade blanche, avec des planisphères et des astrolabes, des épigraphes grecques et hébraïques. Elle arbore aussi une statue de bronze de Tommaso Rangone (1493-1577), médecin qui en finança la reconstruction. Rangone écrivit un livre de conseils pour vivre cent ans et imagina un traitement contre la syphilis à base de salsepareille (son effigie en tient un bouquet entre ses mains). L'église doit sa forme actuelle à Sansovino, qui en dirigea les travaux en 1553. Elle abrite des œuvres de Palma le Jeune et un retable (1581-1582) de Véronèse. (041 523 53 83 ; Campo San Zulian, San Marco ; 9h-18h ; San Marco, Rialto)

Chiesa di San Moisè ÉGLISE

7 PLAN P. 54, F5

Fondée au VIIe siècle et sans doute reconstruite au Xe siècle, elle fut remaniée en 1632.
On est frappé par l'exubérante décoration baroque de sa façade, allégée au XIXe siècle pour éviter qu'elle ne s'écroule. Certaines œuvres sont signées du sculpteur allemand Heinrich Meyring (dit Enrico Marengo). Observez notamment les deux dromadaires qui supportent un monument surmonté du buste de Vincenzo Fini, procurateur qui contribua par un legs à l'embellissement de la façade. La chapelle du Très-Saint-Sacrement, à gauche

du maître-autel, abrite le *Lavement des pieds* du Tintoret et une *Cène* attribuée à Palma le Jeune. (041 528 58 40 ; Salizada San Moisè 1390/A ; 9h30-12h30 et lun-sam ; San Marco, Giglio)

Campo San Salvador PLACE

8 PLAN P. 54, F2

Ce *campo* on ne peut plus central, sur lequel donnent l'église homonyme et la très ancienne (VIIIe siècle) Scuola Grande di San Teodoro, dédiée au premier saint patron de Venise, accueille aujourd'hui des spectacles musicaux essentiellement imaginés pour les visiteurs. Une colonne, sur un haut piédestal, rappelle également l'épopée du Risorgimento (mouvement visant l'unification italienne), qui atteignit son point culminant à Venise avec le soulèvement de 1848-1849. Un boulet de canon fiché sur la partie gauche de la façade de la **Chiesa di San Salvador** (041 523 67 17 ; Campo San Salvador 4835 ; 9h-19h lun-sam, 15h-19h dim) témoigne des bombardements autrichiens qui s'ensuivirent. Probablement fondée au VIIe siècle, puis

C'est une révolution !

Reine des mers au Moyen Âge, puissance territoriale au XVIe siècle, centre mondain au XVIIIe siècle, Venise, écrasée ensuite par des jougs étrangers, prend part au Risorgimento. De mars 1848 à août 1849, Daniele Manin, aspirant à une union républicaine des États italiens, prend la tête de la plus longue révolte qu'ait affrontée l'Empire austro-hongrois dans la péninsule. Quelques traces de cette épopée sont encore bien visibles dans la cité :

- En suivant, non loin de la place Saint-Marc, la Via XXII Marzo, ainsi nommée en souvenir du jour où Daniele Manin proclama la République, on gagne l'arrière de l'Ala Napoleonica (p. 56), dont les murs arborent des épigraphes rendant hommage aux patriotes tombés pour le Risorgimento, certains oubliés, d'autres encore bien connus en Italie, comme les frères Bandiera.

- Sur le flanc nord de la basilique Saint-Marc, une lourde grille cache la tombe de Manin, qui, après de longues pérégrinations, repose ici depuis 1867.

- La statue de Daniele Manin trône au milieu du Campo Manin (p. 62).

- Sur le Campo San Salvador (ci-dessus), se dresse une colonne en souvenir de l'épopée du Risorgimento.

reconstruite au XIIe siècle, l'église présente une façade de 1663 due à Giuseppe Sardi ; elle domine majestueusement un long escalier sous lequel est logée la crypte. L'intérieur austère, à trois nefs, auquel contribua Vincenzo Scamozzi, peut être considéré comme l'un des exemples les plus accomplis de la Renaissance vénitienne. Parmi les œuvres conservées, les monuments funéraires sont remarquables : au deuxième autel de droite, celui du doge Francesco Venier, de la seconde moitié du XVIe siècle, est de Jacopo Sansovino. On lui doit également la conception de l'autel suivant, qui accueille un tableau du Titien, l'*Annonciation*. Le monument funéraire de Caterina Cornaro (1510), noble Vénitienne qui épousa le roi de Chypre avant de vendre l'île à la Sérénissime en 1489, est à la croisée droite du transept. (Rialto)

Scala Contarini del Bovolo

PLACE, MUSÉE

9 PLAN P. 54, E4

Pour atteindre le palais Contarini del Bovolo, dissimulé entre les *calli*, il faut passer par le **Campo Manin**, sur lequel la façade moderne de la Cassa di Risparmio di Venezia (banque) détonne un peu, mais où trône la statue de Daniele Manin – qui fut l'un des acteurs du Risorgimento en devenant le chef de l'éphémère République de Saint-Marc –, le regard tourné vers la maison qu'il occupait (la rouge). Dans le coin nord du parterre de la statue figure au sol le plan du *campo* tel qu'il était à la fin du XIXe siècle, avec son campanile si particulier, au plan irrégulier.

Au sud du *campo*, un panneau indique la direction de la **Scala Contarini del Bovolo**, greffée au palais du XVe siècle, propriété de la famille Contarini, qui donna au XIVe siècle un doge à la ville. On n'en visite qu'une salle qui abrite des œuvres du Tintoret, de Sebastiano Ricci, de Sansovino, et, surtout, le splendide escalier extérieur à vis qui lui donne son nom (*bovolo* signifie "colimaçon" en vénitien), attribué à Giovanni Candi, magnificence inattendue dans cet endroit reculé de la ville. D'en haut, la vue est extraordinaire, et il est très joliment éclairé de nuit. (041 309 66 05 ; www.gioiellinascostidivenezia.it ; Scala Contarini del Bovolo, San Marco 4303 ; tarif plein/réduit 8/6 € ; 10h-18h en été, 9h30-17h30 en hiver ; Rialto)

Musée du Palazzo Fortuny

MAISON-MUSÉE

10 PLAN P. 54, C3

Rouvert en mars 2022 après une restauration soignée, ce musée rend dignement hommage au maître de maison, l'Espagnol Mariano Fortuny (1871-1949), dont le génie s'exprima essentiellement dans la création textile, s'inspirant notamment de l'art byzantin, présent depuis toujours dans l'esthétique vénitienne. Le musée est constitué de ses riches collections réparties en plusieurs sections : peinture, sculpture, éclairage artistique, théâtre et photographie, et accueille des expositions de grande qualité (programme sur le site). (041 520 09 05, réservations 848 0820 00 ; fortuny.visitmuve.it ; Campo San Beneto 3958 ; tarif plein/réduit 11 €/8,50 € ; 10h-18h mer-lun ; Sant'Angelo, San Samuele)

Campo San Fantin PLACE

11 PLAN P. 54, D4

La blancheur de la pierre d'Istrie domine ce *campo* de petite taille, mais incroyablement monumental. Outre la Chiesa di San Fantin (fermée), il est bordé par un des côtés, de style classique, de l'**Ateneo Veneto** (www.ateneoveneto.org), un institut culturel vénitien, qui mène sans discontinuer son intense activité depuis 1812. Il est installé dans l'édifice qu'occupait une confrérie vouée au réconfort spirituel des condamnés à mort par pendaison ; elle y avait gagné le nom de "Scuola dei Picai"(pendus). Détruit par un incendie en 1562, le bâtiment fut reconstruit avec la collaboration du Tintoret, de Palma le Jeune et de Véronèse. Il abrite aujourd'hui une bibliothèque.

Le *campo* accueille enfin La Fenice (encadré p. 68). Non loin, le Campiello della Fenice abrite un petit temple (aujourd'hui entrée de l'Hotel San Fantin), décoré de matériel de guerre, baïonnettes, boulets et canons, utilisés en 1849 contre l'occupation autrichienne. (Sant'Angelo)

Circuler à Venise au XIXe siècle

Comme Cannaregio, avec la Strada Nova (p. 133) et Castello, avec la Via Garibaldi (p. 167), San Marco connut au XIXe siècle de grands travaux destinés à améliorer la circulation : les voies d'eau étaient alors délaissées au profit des déplacements piétonniers. Dans le *sestiere*, la principale intervention concerna la Via XXII Marzo, qui relie la place Saint-Marc aux rues menant au Campo Santo Stefano (p. 65), autre place d'importance. Aujourd'hui, cette large rue dédiée au luxe accueille les boutiques des grandes maisons, mais aussi quelques monuments intéressants : la baroque **Chiesa di San Moisè** (p. 60), qui flanque l'un des rares bâtiments contemporains de Venise, l'Hotel Bauer-Grünwald, et le monumental **Palazzo della Borsa** (plan p. 54, E5), de la fin du XIXe siècle.

Palazzo Grassi PALAIS

12 PLAN P. 54, A4

On doit ce palais (1748-1749) à Giorgio Massari, l'architecte qui termina la Ca' Rezzonico (p. 87). Sa façade harmonieuse sur le Grand Canal est parfois précédée de sculptures flottant sur l'eau. Dédié à l'art contemporain, il présente la collection de François Pinault, exposée aussi à la Punta della Dogana (p. 84). L'intérieur combine le grandiose projet d'origine et les interventions de Gae Aulenti (1986), qui a fait retirer l'ornement rococo pour mettre en relief ses lignes néoclassiques, et de Tadao Ando, qui y a apporté une touche minimaliste. Le **café**, donnant sur le Grand Canal et réaménagé à chaque expo, vaut le détour. (Campo San Samuele, San Marco 3231 ; www.palazzograssi.it ; tarif plein/réduit/15/12 €, -20 ans gratuit, incluant Punta della Dogana ; San Samuele, Sant'Angelo)

Chiesa di Santa Maria del Giglio

ÉGLISE

13 PLAN P. 54, D5

Voici une église à la façade assez inhabituelle : ses bas-reliefs représentent des îles et des villes, des navires de guerre et de commerce, et ses statues ne sont à l'effigie d'aucun saint. C'est bien un lieu de culte, mais c'est aussi le mausolée de la famille d'Antonio Barbaro, navigateur du XVIIe siècle

Sérénissimes pionnières

Le premier à s'en soucier fut peut-être, au XIXe siècle, Luigi Carrer, journaliste, membre de l'Ateneo Veneto (p. 63) et directeur, jusqu'à sa mort, du Museo Correr (p. 59). La dernière en date est Tiziana Plebani, historienne et conservatrice de la Biblioteca Nazionale Marciana. Entre l'*Anello di sette gemme* (*Bague de sept pierres précieuses*, non traduit en français, 1838) de Carrer et la *Storia di Venezia Città delle donne* (*Histoire de Venise, ville des femmes*, non traduit en français, 2021) de Plebani, nombre de livres ont traité l'histoire vénitienne au prisme des femmes qui y ont brillé.

Les Vénitiennes ont toujours eu une forte influence politique, et, à plusieurs occasions, sont parvenues à se hisser à une place de choix. Le cas le plus célèbre est celui de Caterina Cornaro (p. 62), dernière reine de Chypre. Mais la liste est longue : comme le mentionne une plaque commémorative dans Rialto, Elena Lucrezia Cornaro Piscopia fut, à ce que l'on sait, la première femme à décrocher un diplôme universitaire, en 1678. Au XIIe siècle, la religieuse Casota Caisolo mena des opérations foncières pour la Sérénissime ; au XVIe siècle, Barbara Strozzi s'affirma comme musicienne ; Elisabetta Caminer, née en 1751, fut la première à diriger un journal, et peut être considérée comme la mère de toutes les journalistes italiennes.

Chiesa di Santa Maria del Giglio

qui voulut célébrer son nom en finançant la restauration d'un temple du Xe siècle. La façade le représente donc avec ses frères, et les lieux où ils combattirent ou gouvernèrent, leurs aventures. À l'intérieur, ne manquez pas les *Évangélistes* (1552) du Tintoret, près de l'orgue, la *Cène* de Giulio del Moro sur le revers de la façade, l'*Annonciation* de Salviati dans le presbytère, la *Sainte Famille avec sainte Catherine* de Pierre de Cortone et la *Vierge à l'Enfant avec saint Jean* de Rubens dans la chapelle Molin, sans oublier un abondant trésor de reliquaires et d'objets sacrés. (☎ 041 275 04 62 ; www.chorusvenezia.org ; Campo Santa Maria del Giglio ; tarif plein/réduit 3/2 € ou Chorus Pass ; 🕓 10h30-16h30 lun-sam ; ⛴ Santa Maria del Giglio)

Campo Santo Stefano PLACE

14 ◎ PLAN P. 54, B5

C'est l'un des plus grands *campi* de Venise, point névralgique puisqu'il relie San Marco et le Rialto à l'Accademia. Au milieu trône la **statue de Niccolò Tommaseo**, écrivain et patriote, que les Vénitiens surnomment affectueusement *il Cagalibri* ("chie-livres" : vous comprendrez vite pourquoi). On y voit aussi la **Chiesa di Santo Stefano** (☎ 041 275 04 62 ; www.chorusvenezia.org ; Campo Santo Stefano, San Marco ; tarif plein/réduit 3/2 € ou Chorus Pass ; 🕓 10h30-16h30 lun-sam ; ⛴ Accademia). Bâtie au tournant du XIIIe et du XIVe siècle par les Augustins, cette église fut profondément remaniée au

XVe siècle. Depuis, ses absides enjambent un canal, le Rio del Santissimo. Entrez par le porche en marbre réalisé par Bartolomeo Bon, qui se détache sur une façade de briques, puis levez les yeux vers le plafond de bois avec sa charpente en carène de navire, soutenue par des arcs d'ogive. La sacristie abrite des sculptures de Pietro et Tullio Lombardo, quatre toiles remarquables du Tintoret, des œuvres de Bartolomeo Vivarini et la *Stèle funéraire du sénateur Giovanni Falier*, de Canova (1808). Autre bâtiment remarquable de la place, l'**Istituto Veneto di Scienze, Lettere ed Arti** arbore un mur en pierre d'Istrie sur le côté nord-est et huit arcades sur la façade moutarde qui donne sur la place.

Caffè Florian

© LONELILEAP/SHUTTERSTOCK

En face de l'Institut, un passage mène au **Campiello Pisani**, où se trouve le conservatoire Marcello. Plus loin, vers le pont de l'Accademia, se dresse la masse impressionnante du **Palazzo Franchetti**, exemple parfait de l'éclectisme néogothique imaginé au XIXe siècle par Camillo Boito, frère de l'écrivain Arrigo Boito. En gagnant le Campo Sant'Angelo (ou Anzolo), au nord, on voit mieux l'inclinaison du campanile de Santo Stefano : 2 m environ de la base au sommet. (San Samuele ; Accademia)

Se restaurer

Rosa Salva

PÂTISSERIE €

15 PLAN P. 54, G3

Jetez un coup d'œil aux colonnes de l'arrière-boutique : ce lieu incarne un pan de l'histoire de la pâtisserie à Venise. Pâte d'amande, gâteaux, beignets (pour le carnaval) et, côté salé, excellents sandwichs. (041 521 05 44 ; www.rosasalva.it ; Calle Fiubera 950 ; 8h-20h lun-sam ; Vallaresso)

Gislon

RÔTISSERIE €

16 PLAN P. 54, F1

La Rosticceria San Bartolomeo, récemment modernisée, est une institution depuis 1930. On y propose de la mozzarella *in carrozza* (panée dans du pain de mie), des fritures, des pâtes et des plats cuisinés, de viande ou de poisson. Tout peut s'emporter. Un lieu toujours cher au cœur des

Cafés historiques de la place Saint-Marc

De nombreux cafés historiques sont installés place Saint-Marc, dont la "bottega del caffè" que l'on estime à l'origine de la diffusion de cette boisson dans toute la péninsule, n'en déplaise aux Napolitains et aux Triestins : le **Caffè Florian** (plan p. 54, G4 ; 041 520 56 41 ; www.caffeflorian.com ; Piazza San Marco 57 ; 9h-23h), à prononcer en accentuant le "a" ! Ouvert en 1720 sous les Procuratie Nuove par Floriano (Floriàn) Francesconi à l'enseigne de Alla Venezia Trionfante ("À la Venise triomphante"), il n'a pas changé depuis 1858, année de sa dernière restructuration. C'est ici que Carlo Goldoni et Aleksandr Herzen ont réfléchi à la nature de cette ville bouleversante, ici que se réunissaient les patriotes du XIXe siècle, ici que le carnaval prend vie depuis toujours. Pour en avoir un aperçu sans vous ruiner, prenez éventuellement un café au comptoir (3,50 €). Sous les Procuratie Vecchie, le **Ristorante Gran Caffè Quadri** (plan p. 54, G4 ; 041 522 21 05 ; Piazza San Marco 121 ; 9h-minuit ; San Marco), autrefois lieu de rendez-vous des officiers autrichiens, est désormais un café au rez-de-chaussée et un **restaurant** (repas 200 €) à l'étage. Le **Caffè Lavena** (plan p. 54, G4 ; 041 522 40 70 ; www.lavena.it ; Piazza San Marco 133/4 ; boissons 1,20-15 € ; 9h30-22h en hiver, jusqu'à minuit en été ; San Marco), sous les Procuratie Vecchie également, évoque une période un peu plus récente. Apprécié par Richard Wagner et Gabriele D'Annunzio, il sert (au comptoir) les cafés et verres les moins chers de la place.

Vénitiens qui y viennent pour un bon repas, en plein centre, à un prix plus qu'abordable. (041 522 35 69 ; Sotoportego della Bissa, San Marco 5424/A ; fritures 2-3 € ; repas 20 € ; 9h-21h ; Rialto)

Al Volto TRATTORIA €€

17 PLAN P. 54, D3

Cet établissement, à mi-chemin entre San Marco et Rialto, existe depuis 1936. Fort de son passé de *bacaro* du quartier, au charme incontestable, qui a connu des nuits mémorables, il s'est renouvelé. On y mange des classiques. (041 522 89 45 ; enotecaalvolto.com ; Calle Cavalli 4081 ; repas 35 € environ ; 10h-16h et 18h-22h Rialto)

Harry's Bar BAR, RESTAURANT €€€

18 PLAN P. 54, F5

Ce bar porte le prénom d'un jeune Américain venu soigner un début d'alcoolisme en Italie. Il emprunta de l'argent à un serveur, Giuseppe Cipriani, et le lui rendit majoré d'une grosse somme, par gratitude. Le 13 mai 1931, Cipriani décida alors d'ouvrir son propre bar, qui devint vite incontournable, encore plus quand Hemingway le popularisa en 1949 dans *Au-delà du fleuve et sous les arbres*. Cipriani avait entre-temps conquis une gloire mondiale pour avoir inventé le cocktail Bellini. Y manger semble cher, mais les assiettes sont bien garnies, et un plat peut suffire. Le rapport qualité/prix a toutefois déçu quelques-uns de nos lecteurs. (041 528 57 77 ; www.cipriani.com ; Calle Vallaresso 1323 ; cocktails 12-26 € ; 10h30-23h ; San Marco)

Prendre un verre

Il Caravellino

BAR

19 PLAN P. 54, E5

Le charme certain de ce bar que partagent le restaurant La Caravella et l'Hotel Saturnia, avec ses petits fauteuils de cuir et son beau comptoir mis au goût du jour, a presque 60 ans. Testez-le pour un cocktail digne de ce nom, à un prix raisonnable, près de Saint-Marc. (041 520 89 01 ; www.restaurantlacaravella.com ; Calle Larga XXII Marzo 2399 ; 8h30-23h)

Devil's Forest

PUB

20 PLAN P. 54, F2

Pub irlandais cher au cœur des quarantenaires vénitiens. Paninis et bon choix de bières. Retransmission de matchs de foot ou d'autres événements sportifs. (041 520 06 23 ; www.devilforestpub.com ; Calle de la Fava 5185 ; boissons 3-10 € ; 11h-minuit ; Rialto)

Sortir

Teatro Goldoni

THÉÂTRE

21 PLAN P. 54, E2

C'est le théâtre des Vénitiens : outre la programmation de

La Fenice

Par deux fois, il a fallu éteindre les flammes des incendies (en 1836 et en 1996) qui ont ravagé ce théâtre construit en 1792. Mais les flammes les plus ardentes sont celles qui ont fait vibrer les mélomanes, venus assister ici aux créations de Rossini puis de Verdi, Stravinski, Prokofiev ou Britten. Réservez tôt, car les 900 places partent comme des petits pains ; vous pouvez aussi vous contenter de visiter le théâtre : un enchantement. (plan p. 54, D5 ; billetterie 041 2424, visite 041 78 66 72/75 ; www.teatrolafenice.it ; Campo San Fanti, San Marco 1965 ; visite avec Audioguide tarif plein/réduit 12/9 € ; places à partir de 40 € ; visites guidées 9h30-17h ; Santa Maria del Giglio)

La Fenice

saison qui compte toujours des classiques de Goldoni, il accueille de grands événements culturels. (☎041 240 20 11, billetterie 041 240 20 14 ; www.teatrostabileveneto.it ; Calle del Teatro ou della Commedia 4650/B ; ⛴Rialto)

Multisala Rossini — CINÉMA

22 ★ PLAN P. 54, D3

Une salle du début du XXe siècle modernisée et dotée de trois écrans. Bar, restaurant et supermarché. (☎041 241 72 74 ; Salizada del Teatro 3997/A ; tarif plein/réduit/étudiant 7,50/7/6 €, films en 3D 10/9,50/9 € ; 🕐tlj ; ⛴Rialto, Sant'Angelo)

Shopping

Rachtian Houshang — ANTIQUITÉS

23 🛍 PLAN P. 54, E4

La famille Rachtian débuta son activité au milieu des années 1950, en important des tapis persans. Les héritiers tiennent aujourd'hui ce magasin d'antiquités, une caverne d'Ali Baba à deux pas de la place Saint-Marc. On peut encore y faire d'heureuses et inattendues découvertes : des pièces de grande valeur se cachent entre verres de Murano, pièces d'art hébraïque et objets précieux. (☎041 523 55 96/380 771 25 96 ; www.rachtian.it ; Calle Frezzaria 1762 ; 🕐11h-20h mar-sam ; ⛴San Marco, Rialto)

PIERO PASINI/EDT ©

Giuliana Longo

La Casa di Leo

ENFANTS

24 PLAN P. 54, D3

Cette boutique récente est une référence pour les enfants et leur famille, qui y trouvent des jeux et livres de qualité. (www.leovenezia.com ; Calle de la Mandola 3718/C ; 10h-19h jeu-mar)

Libreria Studium

LIVRES

25 PLAN P. 54, H3

Récemment rénovée, cette librairie propose de nombreux titres sur Venise, dont des ouvrages d'histoire et d'art, des guides de voyages, des livres de recettes. (041 522 23 82 ; Calle della Canonica 337 ; 10h-19h30 mer-lun ; San Marco, San Zaccaria)

Sigfrido Cipolato

BIJOUX

26 PLAN P. 54, B3

Bijoux audacieux et originaux, avec crânes et masques africains. (041 522 84 37, 348 863 25 83 ; www.sigfridocipolato.com ; Calle della Mandola 3717/A ; 11h-20h mar-sam ; Sant'Angelo, Rialto)

Giuliana Longo

CHAPEAUX

27 PLAN P. 54, F2

Différents modèles de panamas, mais aussi des couvre-chefs excentriques, élégants, toujours originaux. Il y en a pour toutes les bourses, même en optant pour les créations de Giuliana Longo, qui "chapeaute" aussi les gondoliers. Une référence pour les amateurs. (041 522 64 54 ; www.giulianalongo.com ; Calle del Lovo, San Marco 4813 ; 10h-13h et 14h-19h lun-sam ; Rialto)

Il Tempio della Musica

DISQUES

28 PLAN P. 54, F1

À l'ère numérique, une telle adresse est rare, mais Simone est un passionné. Grand choix en classique et en jazz, nombreuses offres à 10 €, voire moins. (041 523 45 52 ; Ramo del Fontego dei Tedeschi, San Marco 5368 ; 10h-13h et 15h-19h30 lun-sam ; Rialto)

Lost in Venice

CHAPEAUX

29 PLAN P. 54, D4

Contre l'humidité hivernale ou le soleil estival, le chapeau est plus qu'un accessoire à Venise.

Cette boutique récente propose un large choix de couvre-chefs sophistiqués et élégants. Un haut-de-forme pour une première à La Fenice ? (041 528 5025 ; Calle della Mandola, San Marco 3653 ; 10h-19h tlj ; Sant'Angelo, Rialto)

Ottica Carraro

LUNETTES

30 PLAN P. 54, D4

Les créations de Carraro se distinguent par leur élégance et leur sobriété. Lunettes de vue légères ou solaires à monture épaisse, il y a de nombreux modèles et une infinité de combinaisons. (041 520 42 58 ; www.otticacarraro.it ; Calle della Mandola, San Marco 3706 ; 9h30-13h et 15h-19h30 lun-sam ; Rialto, San Samuele)

Ottica Urbani

LUNETTES

31 PLAN P. 54, F4

Les créations d'Urbani sont les préférées des célébrités. Derrière la place Saint-Marc, il fabrique d'excentriques montures. (041 522 41 40 ; www.otticaurbani.com ; Calle Frezzaria, San Marco 1280 ; 9h30-13h et 15h-19h30 lun-sam ; San Marco)

Gianni Dittura

FURLANE

32 PLAN P. 54, F3

Pantoufles de velours ou de toile d'origine frioulane, qu'hommes et femmes, gondoliers et marchands de Venise portent depuis toujours, les *furlane* sont aujourd'hui déclinées partout dans des tissus précieux. Mais la boutique historique de Nane "Papussa" (Gianni Babbuccia) reste pour les Vénitiens le lieu consacré. *Furlane* à douce tige de velours et à semelle en pneu de vélo. (041 523 11 63 ; ditturamassimo.it ; Calle Fiubera, San Marco 943 ; 10h-19h ; Rialto)

Explorer
Dorsoduro

Le nom de ce quartier qui comprend aussi l'île de la Giudecca vient de ce qu'il s'étend sur un terrain moins marécageux, plus ferme. Grâce à sa situation privilégiée de point d'arrivée des bateaux venant du continent, le secteur vécut longtemps d'activités commerciales et artisanales. Jusqu'au XIXe siècle, l'ouest de ce sestiere figurait parmi les plus pauvres de la ville. C'est aujourd'hui un quartier essentiellement résidentiel, qui abrite la vie estudiantine, d'importantes institutions culturelles et les squeri*, les chantiers navals traditionnels. Chasseurs d'images, Dorsoduro vous surprendra.*

Notre sélection

- ***Gallerie dell'Accademia (p. 74)****. Un voyage dans la peinture du XIVe au XVIIIe siècle.*
- ***Basilica di Santa Maria della Salute (p. 78)****. Au cœur de la dévotion des Vénitiens.*
- ***Collezione Peggy Guggenheim et Ca' Rezzonico (p. 86 et p. 87)****. Deux gisements d'art.*
- ***Campo Santa Margherita (p. 88)****. Le rendez-vous des étudiants.*

Comment y aller

Vaporetto Les lignes nos1, 2 et N circulent sur le Grand Canal, et s'arrêtent à Accademia, Ca' Rezzonico et Salute. Les nos2, 5.1, 5.2, 6 et N s'arrêtent à Santo Spirito et, côté Giudecca, à Zattere et San Basilio.

Traghetto Deux gondoles relient le quartier à San Marco et à la Basilica di Santa Maria del Giglio.

Plan du quartier p. 82

Ancienne margelle de puits ARTONO/SHUTTERSTOCK ©

Les incontournables

Voyager à travers l'art et le temps aux Gallerie dell'Accademia

C'est la plus importante collection d'art de Venise et de Vénétie. Les tableaux qui y sont conservés, du XIVe au XVIIIe siècle, sont un sensationnel répertoire des us et coutumes de différentes époques, et un sujet d'admiration pour les chercheurs et étudiants en histoire de l'art qui hantent ses salles. Le cadre, magnifique, mérite tout autant l'attention.

PLAN P. 82, D5

041 522 22 47

www.gallerieaccademia.it

Campo della Carità, 1050

Tarif plein/réduit 12/2 €, -18 ans gratuit

8h15-14h lun, 8h15-19h15 mar-dim

Accademia

Naissance d'une collection

Dès 1797, la disparition de la Sérénissime entraîna la suppression des congrégations religieuses et des magistratures publiques, suivie de l'annexion au royaume napoléonien d'Italie en 1805. Une énorme quantité d'œuvres d'art provenant de palais, d'églises et de couvents fut alors confisquée. Certaines partirent à Paris, au Louvre, d'autres furent envoyées dans divers musées, comme la Pinacoteca di Brera de Milan, et beaucoup furent vendues. Mais nombre d'entre elles furent installées dans les bâtiments de la **Scuola Grande della Carità**, la plus ancienne des *scuole grandi* (p. 151) de Venise, fondée en 1344, dans la Chiesa di Santa Maria della Carità, attenante et au couvent des chanoines du Latran (fondé par Palladio) qui formèrent les Gallerie dell'Accademia di Belle Arti, instituées par décret napoléonien en 1807.

En 2005, l'Accademia di Belle Arti a quitté les locaux qu'elle partageait avec les Gallerie pour se transférer aux Zattere : le musée y a gagné beaucoup d'espace. Une restauration et une modernisation des espaces sont en cours. Vous pouvez consulter sur le site de l'Accademia les salles temporairement fermées et les œuvres en cours de restauration.

On accède au musée par la Scuola Grande della Carità. Son blason, deux cercles concentriques coupés d'une croix, est encore visible sur le porche. Le rez-de-chaussée abrite la billetterie et la librairie.

La collection

Cette collection d'art, la plus importante de Vénitie, offre un panomara exhaustif de la peinture vénitienne du XIVe au XVIIIe siècle sur 5 000 m^{2}. Les Gallerie comptent 37 salles réparties sur deux étages qui composent un parcours d'exposition chronologique. La majeure partie des trésors de la collection

★ À savoir

- Le lundi, la dernière admission se fait à 13h, contre 18h15 du mardi au dimanche.
- Les sacs volumineux sont à déposer au **vestiaire** (1 €/article).
- Audioguide (6 €) disponible en français.
- L'entrée à l'Accademia est gratuite le premier dimanche du mois.

Une petite pause ?

Al Bottegon (p. 90), *bacaro* historique doté d'une cave très fournie.

sont exposés au 1er étage (œuvres de 1300 à 1600). Le rez-de-chaussée abrite des expositions majeures, des sculptures, et une collection plus modeste de peintures datant de 1600 à 1880.

À l'exception des œuvres de quelques grands peintres, tels Piero della Francesca (*Saint Jérôme avec un donateur*, 1455-1460 ; salle 4), Andrea Mantegna (*Saint Georges*, 1458-1460 ; salle 4), ou Jérôme Bosch et son mystérieux *Triptyque des ermites* (1495-1505 ; salle 7), les Gallerie dell'Accademia sont l'écrin de la peinture vénitienne, terme qui, au-delà d'une origine géographique commune, désigne une école de peinture qui se distingue généralement par le rendu chromatique des compositions et la représentation des arrière-plans.

Les plus grandes "stars" des Gallerie

Retable de San Giobbe – salle 2
L'un des exemples les plus éminents de la peinture de Giovanni Bellini (vers 1430-1516), qui incarne l'espoir, à travers le doux visage d'une Vierge à l'Enfant trônant sous des mosaïques dorées, tandis que des anges accordent leurs instruments. Parmi les saints qui les entourent figurent Roch et Sébastien, suggérant que cette œuvre lumineuse et exaltante date d'une époque sombre : la seconde épidémie de peste à Venise, en 1478.

Épisodes de la vie de saint Marc – salle 6
Cette œuvre de grande dimension signée Giovanni Mansueti (1465-1527) est à observer de droite à gauche. On se perd dans une forêt de turbans dont émergent les visages des frères de la Scuola Grande di San Marco, qui abritait cette peinture.

La Tempête – salle 8
C'est le chef-d'œuvre de Giorgione (vers 1476-1510) : on y voit une femme allaitant un enfant sur fond de ciel orageux et de classique paysage du XVIe siècle. Véritable énigme pour les chercheurs, cette œuvre reste d'une interprétation difficile.

Le Repas chez Levi – salle 10
Ce tableau de Véronèse (1528-1588) s'intitulait initialement *La Cène*, avant que l'inquisition n'en juge l'atmosphère profane en raison de la présence de bouffons, de nains, de chiens, de Turcs enrubannés, de protestants allemands. Véronèse se refusa à modifier l'œuvre, tout en acceptant d'en changer le titre.

Le Miracle de l'esclave – salle 11
Également intitulée *Saint Marc sauvant l'esclave*, cette œuvre audacieuse du Tintoret (1518-1594) concentre ici son attention sur la figure de saint Marc surgissant du ciel, penché vers le corps de l'esclave.

Pietà – salle 11
Cette dernière œuvre, Titien (1490-1576) l'avait conçue pour son tombeau des Frari, mais il la laissa

inachevée à sa mort. Elle revêt un aspect crépusculaire et évoque l'épidémie de peste dont il mourut.

Procession sur la place Saint-Marc – salle 20
Ce gigantesque tableau de Gentile Bellini (1429-1507) offre un précieux aperçu de la place vénitienne avant la construction des Procuratie Nuove (à droite) : la façade de la basilique est ornée des anciennes mosaïques, on admire le reliquaire de la Vraie Croix porté en procession le 25 avril 1444, et on goûte à l'atmosphère de la fin du Moyen Âge (le tableau était en restauration lors de la rédaction de ce guide, mais on pouvait en voir une copie).

L'Arrivée des ambassadeurs anglais – salle 20
Il s'agit de la première toile de *La légende de sainte Ursule* de Vittore Carpaccio (vers 1465-1525), un cycle de neuf tableaux qui dépeint l'histoire de cette princesse bretonne qui accomplit un pèlerinage à Rome accompagnée de 11 000 vierges qui toutes furent massacrées sur le voyage du retour.

Le Miracle de la Croix sur le pont de San Lorenzo – salle 20
Ce célèbre tableau de Gentile Bellini, avec sa foule cosmopolite, était en restauration au moment de la rédaction de ce guide.

Couronnement de la Vierge, Catarino di Marco da Venezia

Les incontournables

Se rendre en pèlerinage à la Basilica della Salute

Chef-d'œuvre d'art baroque se dressant à la Punta della Dogana, cette basilique affiche une silhouette compacte, mais majestueuse, et sa coupole est un des emblèmes de la ville. Érigé afin d'honorer une promesse faite en temps de peste, ce bijou d'ingénierie fut conçu par Baldassare Longhena, qui exprima là tout son talent. L'édifice est aussi l'un des préférés des Vénitiens.

PLAN P. 82, H5

041 274 39 28

www.basilicasalutevenezia.it

Campo della Salute ; entrée libre

9h-12h et 15h-17h30 en été, 9h30-12h30 et 15h-17h30 en hiver

Salute

L'extérieur de l'église

Alors qu'en 1630, 80 000 Vénitiens succombaient à une épidémie de peste, le Sénat promit une somptueuse église en honneur de la Vierge Marie pour qu'elle intercède en faveur de la Sérénissime. Ainsi naquit l'un des plus grands sanctuaires de la ville, toujours objet d'une très forte dévotion. Cette œuvre de Baldassare Longhena est une construction grandiose, dont le plan circulaire devait, pour l'architecte, évoquer une sorte de couronne idéale offerte à la Vierge. L'édifice est coiffé d'une coupole monumentale soutenue par d'imposantes volutes (surnommées *orecchioni* ("grandes oreilles"). Une Vierge brandissant le bâton des *Capitani da mar*, les amiraux généraux de la flotte vénitienne, la surplombe. Pour un effet encore plus majestueux, Longhena plaça son temple en haut d'un gigantesque escalier, et ouvrit la façade principale vers le Grand Canal par un immense portail. Parmi les très nombreuses statues qui ornent l'extérieur (comme l'intérieur) de la basilique, notez celle de la Vierge et des prophètes, qui domine le tympan, surmontant l'entrée.

L'intérieur

Comme la Chiesa del Santissimo Redentore, l'autre sanctuaire votif pour la fin de la peste, c'est une très grande église, qui peut accueillir chaque année (le 21 novembre) l'impressionnant pèlerinage dont elle est la destination. La nef à plan hexagonal sur laquelle repose la grande coupole, entourée de six petites chapelles, invite le visiteur à cheminer en cercle, plutôt qu'à s'asseoir et à méditer, en suivant un parcours qui le conduit aux autels, certains incrustés de pierres précieuses. La visite mène au maître-autel qui est orné de la *Vergine Mesopanditissa* (Vierge médiatrice de paix), une icône venue en 1670 de Candie (actuelle Héraklion, en Crète) et

★ À savoir

- Ne manquez pas la **sacristie** (p. 80), où sont conservés des chefs-d'œuvre. Attention, les horaires diffèrent de ceux de la basilique.
- Cette zone est bien desservie par le *vaporetto* de la ligne n°1 et par deux gondoles de *traghetto* : l'une part de Saint-Marc et l'autre de Santa Maria del Giglio.
- Un billet (8 €) permet de visiter la coupole, pour une vue spectaculaire sur Venise.

✕ Une petite pause ?

À la **Linea d'Ombra** (☎ 041 241 18 81 ; www.ristorantelineadombra.com ; Dorsoduro 19 ; repas 70 € ; 🕒 12h-15h et 19h-22h30 ; ⛴ Spirito Santo), sur les Zattere, juste derrière la basilique, pour un verre ou un repas avec vue sans regarder à la dépense. Réservation préférable pour dîner.

vénérée comme Madone du Salut. Notez aussi le pavement de marbre incrusté, qui reprend les lignes de force de la coupole, formant un tourbillon dont on dit que le disque noir central dégage une énergie bienfaisante.

La sacristie

Dans la **sacristie** (6 €, billet combiné avec la Manfrediniana, p. 82, 8 € ; ⌚14h-15h30 et 16h40-17h30 mar, 10h-12h30, 14h-15h30 et 16h40-17h30 mer-ven, 10h-12h30 et 14h-17h30 sam avr-oct ; 10h-12h, 15h-15h30 et 16h40-17h30 lun-ven, 10h-12h et 14h-17h30 sam nov-mars ; 10h-10h30 et 14h-17h30 dim toute l'année), on peut admirer *Les Noces de Cana* (1561), du Tintoret, une œuvre qui fait moins référence à l'épisode biblique qu'à un mariage de l'époque ; *Saint Marc en majesté entouré des saints Côme, Damien, Roch et Sébastien*, de Titien (notez la puissance des couleurs qui illuminent un saint Marc vêtu de fuchsia et de turquoise, contrastant avec le drap vert) ; la sacristie abrite aussi des œuvres de Salviati et de Palma le Jeune. Le plafond est l'œuvre de Titien, cette fois en pleine période maniériste (c'est-à-dire "à la manière" de Michel-Ange). À noter toutefois que les huit médaillons latéraux ont été refaits ; seuls les trois tableaux carrés (*Caïn et Abel*, le *Sacrifice d'Isaac* et *David et Goliath*) sont donc des originaux.

Intérieur de la Basilica di Santa Maria della Salute

Lazarets, vœux et fêtes : la peste à Venise

La propagation de la peste en Europe, à partir du XIIe siècle, est sans doute due, à l'origine, à la présence de rongeurs infectés à bord des navires vénitiens et génois provenant de la mer Noire. Mais qui y avait amené la maladie ? Probablement les pillards tartares arrivés en Crimée avec, sur les talons, des colonies de rats attirés par la nourriture. Il devint vite urgent de créer des structures adéquates pour combattre ce fléau, qui fera de très nombreuses victimes au fil des siècles.

Venise fut la première entité politique à s'attaquer méthodiquement au problème de la contagion en créant des lazarets. Le terme viendrait de l'église Santa Maria di Nazareth (*nazaretto*), qui servait de refuge aux pèlerins sur l'actuelle île du Lazzaretto Vecchio, ou de l'hôpital de San Lazzaro dei Mendicanti, dédié au lépreux ressuscité par Jésus, qui abritait depuis le XIIe siècle une léproserie, sur l'île appelée aujourd'hui San Lazzaro degli Armeni (p. 199). Face à une énième épidémie, en 1423, le Sénat créa sur cette île le premier refuge pour pestiférés doté de personnel médical. On impliqua les capitaines des navires, les invitant à déceler tout signe de peste à bord, et leur faisant observer des périodes d'isolement préventif avant de débarquer marchandises et passagers en ville. En 1468, on créa de plus un "lazaret de contumace", destiné à mettre en quarantaine des convalescents, des marchandises et des personnes arrivant des pays touchés par l'épidémie. Enfin, à partir du XVIIe siècle, on institua un système rigoureux de patrouille dans les lagunes pour s'assurer que personne ne puisse se soustraire aux contrôles. Les mesures d'isolement et d'assainissement pesaient sur les finances publiques, mais le pouvoir vénitien préférait dépenser pour la prévention et ralentir les trafics de marchandises plutôt que faire face aux effondrements économiques et démographiques provoqués par les épidémies.

Mais les lazarets ne suffisaient pas toujours à enrayer l'épidémie. Dans les cas extrêmes, la science cédait le pas à la foi, et le doge finissait par se recommander au Christ ou à la Vierge, s'engageant dans des vœux qu'il respectait rigoureusement. De ces vœux, il reste deux témoignages remarquables : l'église du Santissimo Redentore (p. 97), édifiée sur l'île de la Giudecca pour invoquer la fin de l'épidémie de 1575, et la Basilica di Santa Maria della Salute, dédiée à la Vierge après la peste de 1630. Dans les deux cas, la fin de l'épidémie est encore célébrée : le troisième dimanche de juillet, pour la première, avec des fêtes laïques à grand renfort de bateaux et de feux d'artifice ; le 21 novembre pour la seconde, avec des processions religieuses très suivies et la préparation de plats typiques cuisinés en cette seule occasion (la *castradina*, à base de mouton fumé et séché et de choux, seuls aliments autorisés pendant les épisodes de peste).

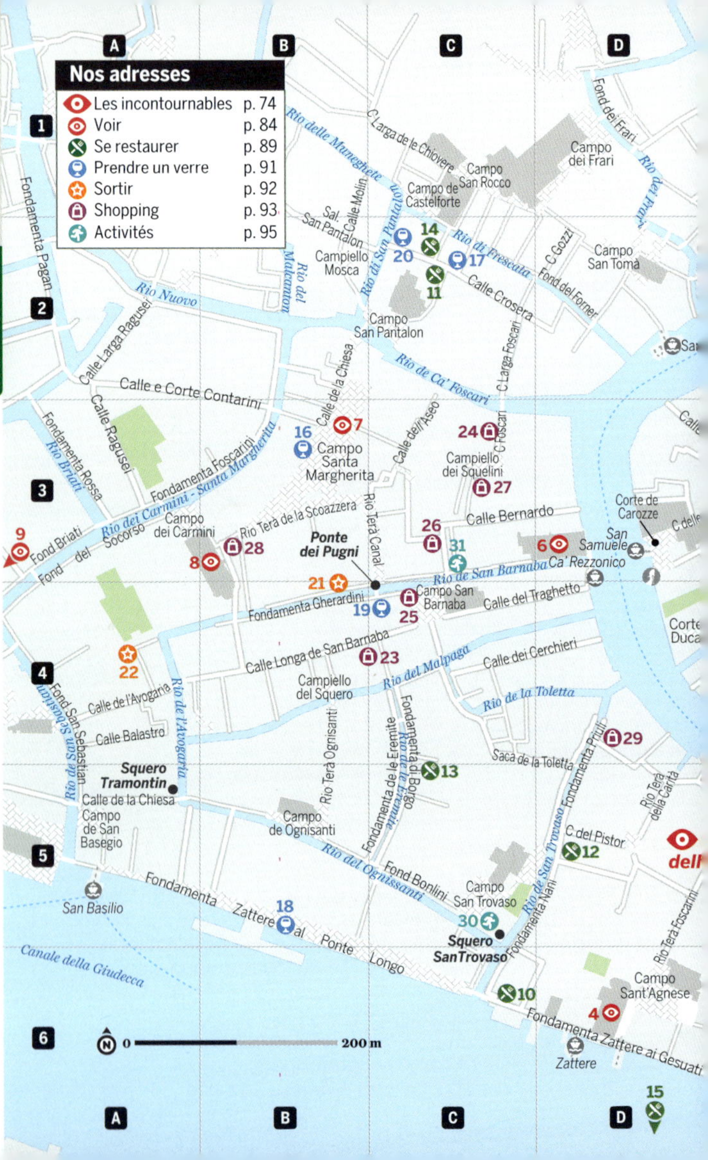
Nos adresses
Les incontournables p. 74
Voir p. 84
Se restaurer p. 89
Prendre un verre p. 91
Sortir p. 92
Shopping p. 93
Activités p. 95
A
B
C
D
1
2
3
4
5
6
Fondamenta Pagan
Rio delle Muneghete
C Larga de le Chiovere
Campo San Rocco
Campo de Castelforte
Campo dei Frari
Fond dei Frari
Rio dei Frari
Sal. San Pantalon
Calle Molin
Rio di San Pantalon
Campiello Mosca
Rio del Malcanton
Rio di Frescada
Calle Crosera
C.Gozzi
Fond del Forner
Campo San Tomà
Campo San Pantalon
Rio Nuovo
Calle Larga Ragusei
Calle e Corte Contarini
Calle de la Chiesa
Rio de Ca' Foscari
C.Larga Foscari
C Foscari
Calle dell'Aseo
Campo Santa Margherita
Campiello dei Squelini
Fondamenta Rossa
Rio Briati
Calle Ragusei
Fondamenta Foscarini
Rio dei Carmini - Santa Margherita
Campo dei Carmini
Socorso
Fond Briati
Fond del
Rio Terà de la Scoazzera
Rio Terà Canal
Ponte dei Pugni
Calle Bernardo
Corte de Carozze
San Samuele
Ca' Rezzonico
Rio de San Barnaba
Campo San Barnaba
Calle del Traghetto
Fondamenta Gherardini
Corte Duca
Calle Longa de San Barnaba
Campiello del Squero
Rio del Malpaga
Calle dei Cerchieri
Rio de la Toletta
Calle de l'Avogaria
Rio de l'Avogaria
Fond San Sebastian
Rio de San Sebastian
Calle Balastro
Squero Tramontin
Calle de la Chiesa
Campo de San Basegio
Rio Terà Ognisanti
Fondamenta de le Eremite
Rio de le Eremite
Fondamenta di Borgo
Saca de la Toletta
Fondamenta Priuli
Rio Terà della Carità
Campo de Ognisanti
Rio del Ognissanti
C del Pistor
Fond Bonlini
Campo San Trovaso
Rio de San Trovaso
Fondamenta Nani
Rio Terà Foscarini
San Basilio
Fondamenta Zattere al Ponte Longo
Squero San Trovaso
Canale della Giudecca
Campo Sant'Agnese
Fondamenta Zattere ai Gesuati
Zattere
0
200 m

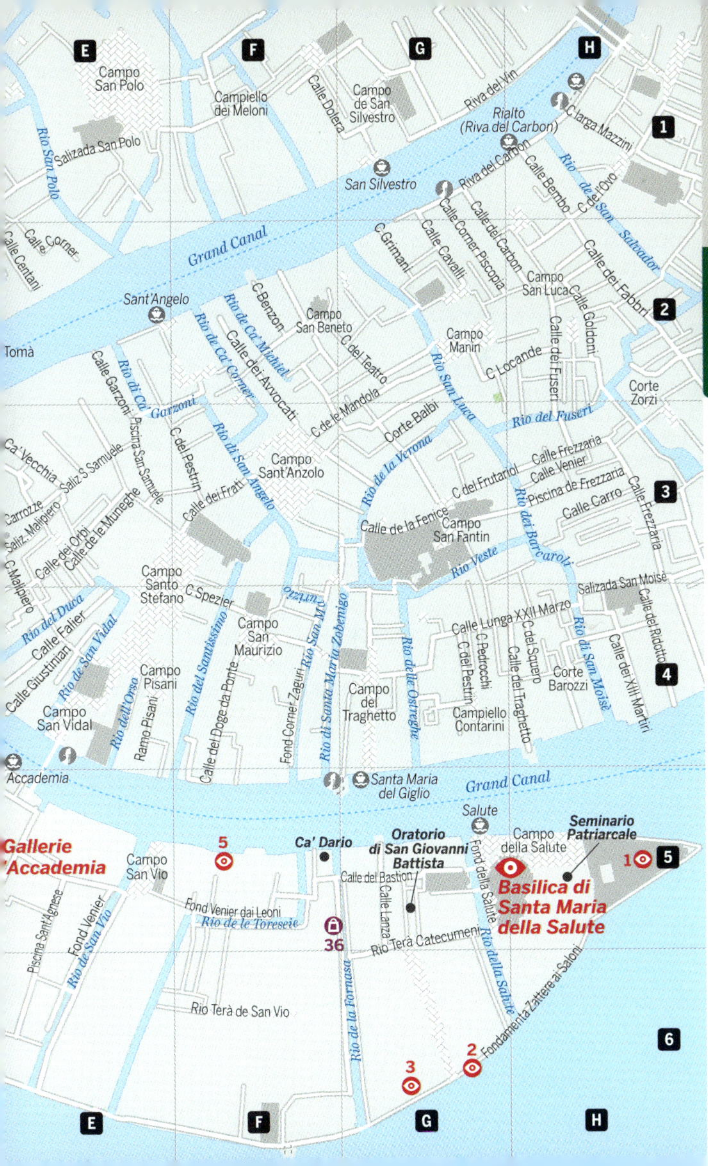
E
F
G
H
1
2
3
4
5
6
Campo San Polo
Campiello dei Meloni
Calle Dolera
Campo de San Silvestro
Riva del Vin
Rialto (Riva del Carbon)
C. larga Mazzini
Rio San Polo
Salizada San Polo
San Silvestro
Riva del Carbon
Calle Bembo
C. dell'Ovo
Rio de San Salvador
Calle Corner
Calle Centani
Grand Canal
C. Grimani
Calle Cavalli
Calle Corner Piscopia
Calle del Carbon
Campo San Luca
Calle dei Fabbri
Sant'Angelo
Tomà
C. Benzon
Rio de Ca' Michiel
Rio de Ca' Corner
Calle dei Avvocati
Campo San Beneto
C. del Teatro
Campo Manin
Rio San Luca
C. Locande
Calle dei Fuseri
Calle Goldoni
Corte Zorzi
Calle Garzoni
Rio di Ca' Garzoni
Piscina San Samuele
C. del Pestrin
Rio di San Angelo
C. de le Mandola
Corte Balbi
Rio de la Verona
Rio del Fuseri
Calle Frezzaria
Calle Venier
Piscina de Frezzaria
Calle Carro
Calle Frezzaria
Ca' Vecchia
Saliz. S. Samuele
Carrozze
Saliz. Malipiero
Calle dei Orbi
Calle de le Muneghe
Calle dei Frati
Campo Sant'Anzolo
C. del Frutariol
Rio dei Barcaroli
Calle de la Fenice
Campo San Fantin
Rio Veste
C. Malipiero
Campo Santo Stefano
C. Spezier
Campo San Maurizio
Salizada San Moisè
Calle del Ridotto
Calle Lunga XXII Marzo
Rio del Duca
Calle Falier
Calle Giustinian
Rio de San Vidal
Campo Pisani
Rio del Santissimo
Rio San M...
Rio di Santa Maria Zobenigo
Rio delle Ostreghe
C. Pedrocchi
C. del Pestrin
C. del Squero
Calle del Traghetto
Rio di San Moisè
Corte Barozzi
Calle dei XXII Martiri
Campo San Vidal
Rio dell'Orsa
Ramo Pisani
Calle del Doge da Ponte
Fond Corner Zaguri
Campo del Traghetto
Campiello Contarini
Accademia
Santa Maria del Giglio
Grand Canal
Salute
Seminario Patriarcale
Gallerie Accademia
Campo San Vio
Ca' Dario
Oratorio di San Giovanni Battista
Campo della Salute
Basilica di Santa Maria della Salute
Calle del Bastion
Calle Lanza
Fond della Salute
Fond Venier dai Leoni
Rio de le Toreseie
36
Rio Terà Catecumeni
Rio della Salute
Piscina Sant'Agnese
Fond Venier
Rio de San Vio
Rio Terà de San Vio
Rio de la Fornasa
Fondamenta Zattere ai Saloni

Voir

Punta della Dogana MUSÉE, MONUMENT HISTORIQUE

1 PLAN P. 82, H5

La confluence du Grand Canal et du canal de la Giudecca est un site fascinant : il abrite les bâtiments de la **Dogana da Mar**, l'ancienne douane, point d'entrée des marchandises en transit à Venise. Tout au bout, au-dessus de la sphère en bronze doré portée par deux atlantes, la girouette de la Fortuna ("Chance") a tourné en faveur de Venise en 2009, lorsque l'homme d'affaires et collectionneur François Pinault a choisi d'y installer le siège de sa fondation. Bâtis au XIVe siècle, puis réaménagés au XVIIe siècle, les entrepôts hébergent désormais une partie de sa collection d'art contemporain (041 240 13 08 ; www.palazzograssi.it ; Punta della Dogana, Dorsoduro 2 ; tarif plein/réduit/15/12 €, -20 ans gratuit, Palazzo Grassi inclus ; 10-19 mer-lun ; Salute), dont l'aménagement a été confié à Tadao Ando.

La grande **Basilica di Santa Maria della Salute** (p. 78) s'impose dans cette zone merveilleuse, où le bâtiment du **Seminario Patriarcale** (plan p. 82, H5 ; 041 274 39 11 ; www.seminariovenezia.it ; Dorsoduro 1 ; 10h-18h jeu-sam ; billet pinacothèque et sacristie Santa Maria della Salute tarif plein/réduit 8/6 € ; pinacothèque seule 6 €) trouve aussi toute sa place. C'est le siège de la **Pinacoteca Manfrediniana**, léguée au séminaire par Federico Manfredini (1743-1829), mort sans héritier. Manfredini avait collectionné ces œuvres d'art pendant sa carrière au service des grands-ducs de Toscane et dans la paix de sa retraite vénitienne, après 1811. Il s'agit de 65 peintures sur toile, bois et cuivre des écoles italiennes et d'Europe du Nord, du XIIIe au XIXe siècle, et de copies d'œuvres aujourd'hui exposées au Louvre et à l'Ermitage.

Après le Rio della Salute, canal qui délimite la zone de la Punta della Dogana, on aperçoit les absides gothiques de la **Chiesa di San Gregorio** et, à leur droite, la façade de l'**Abbazia di San Gregorio**. Après le Ponte dei Catecumeni, vous vous trouverez devant une rue inhabituellement large pour Venise : c'est le **Rio Terà dei Catecumeni** (*rio terà* signifie canal comblé en vénitien), qui longe le Complesso dei Catecumeni, dont on peut parfois visiter l'élégant **Oratorio di San Giovanni Battista** (plan p. 82, G5 ; Rio Terà dei Catecumeni 109).

Fondamenta delle Zattere PROMENADE

2 PLAN P. 82, G6

Le quai de presque 1 km qui délimite Venise au sud, le long du canal de la Giudecca, est connu sous le nom de Fondamenta delle Zattere. On dit que son nom vient de ce qu'au large de ce quai, les Vénitiens ont battu

Un palais maudit

En passant devant en *vaporetto*, regardez la **Ca' Dario** (plan p. 82, F5). Malgré son air penché, sa grâce délicate et sa façade de marbre polychrome en font l'un des plus beaux palais du Grand Canal. Mais la série de deuils qui a frappé ses occupants assombrit sa splendeur. La première victime serait la fille de l'ambassadeur Giovanni Dario, pour lequel le palais fut édifié en 1479 : elle ne survécut pas à la faillite de son mari ; et leur fils fut assassiné en Crète. Le négociant Arbit Abdol y finit dans la misère ; Rawdon Brown y mit fin à ses jours ; Charles Briggs y pleura le suicide de son amant au Mexique. Quant au ténor Mario del Monaco, victime d'un grave accident en allant signer l'acte de vente, il renonça à acquérir le palais. Le comte turinois Filippo Giordano delle Lanze fut assassiné par son amant croate, lequel fut tué à son tour à Londres ; le manager des Who y brûla sa fortune ; Raul Gardini, qui acheta le palais à la fin des années 1980, se suicida en 1993, avant que John Entwistle, bassiste des Who, simple locataire, ne succombe à un infarctus. En 1996, lors du tournage de *Tout le monde dit I love you*, Woody Allen faillit l'acheter, mais renonça en apprenant son histoire. Pour en savoir plus, lisez *Ca' Dario*, de Jean-Paul Bourre (Les Belles Lettres, 2011).

Pépin d'Italie – second fils de Charlemagne – en 810 en utilisant des bateaux à fond plat, pareils à des *zattere* (radeaux). L'hypothèse la plus crédible reste cependant que ce quai était le point de déchargement des cargaisons de bois et de sel, qui, dans le canal de la Giudecca, finissaient leur voyage sur des radeaux. Les bâtiments massifs des Magazzini del Sale (entrepôts de sel ; ci-contre) sont en effet toujours présents au bout du *fondamenta*, près de la Basilica di Sante Maria della Salute.

Autrefois, quand on ne risquait pas sa vie à nager dans le canal (trop de bateaux aujourd'hui), on trouvait sur ce quai quelques établissements balnéaires. Orienté au sud, et offrant de belles vues, notamment sur l'île de la Giudecca (p. 96), il est ensoleillé toute la journée, et c'est la destination idéale de tranquilles promenades, surtout au printemps. Partant de San Basilio, à l'ouest, on rallie la Punta della Dogana, à l'est, en passant par la Chiesa dei Gesuati, abritant entre autres trésors des fresques de Tiepolo (p. 86), avec une étape obligatoire au Chioschetto (p. 92)

Magazzini del Sale GALERIE D'ART

3 PLAN P. 82, G6

Érigés au début du XVᵉ siècle et restaurés en 1830, ces entrepôts servaient au stockage du sel, bien précieux alors géré par l'État. Aujourd'hui, ils accueillent une fondation dédiée aux œuvres d'Emilio Vedova (1919-2006), artiste majeur de l'expressionnisme italien. L'architecte Renzo Piano a traduit la volonté de l'artiste, qui souhaitait voir son œuvre "marcher dans l'espace". Il a suspendu un rail sur lequel circulent 10 navettes fonctionnant à l'énergie renouvelable. Leurs bras robotisés vont chercher les œuvres dans les réserves pour les faire tourner. (041 522 66 26, billetterie 041 241 08 33 ; www.fondazionevedova.org ; Fondamenta Zattere ai Saloni 50 et 266 ; prix d'entrée selon l'expo en cours, environ 8 € ; 10h30-18h mer-dim ; Zattere)

Chiesa dei Gesuati

ÉGLISE

4 PLAN P. 82, D6

Exposée au sud et baignée de soleil par beau temps, cette église, aussi appelée Santa Maria del Rosario, marque le profil des Zattere. Si les proportions rigoureuses imaginées par Giorgio Massari font pâle figure face aux chefs-d'œuvre palladiens qui se dressent en face, sur l'autre rive du canal de la Giudecca, la pénombre de l'intérieur s'illumine du travail du Tintoret, qui signa la *Crucifixion* dans la nef gauche ; de Tiepolo, auteur de *Rose de Lima*, *Agnès de Montepulciano et Catherine de Sienne* et surtout des fresques au plafond narrant la vie de saint Dominique ; et enfin de Piazzetta, à qui l'on doit *Saint Dominique et la vision des saints Louis Bertrand, Vincent Ferrier et Hyacinthe*. (www.chorusvenezia.org ; Fondamenta Zattere ai Gesuati, Dorsoduro ; tarif plein/réduit 3/1,50 € ou Chorus Pass ; 10h30-13h30 et 14h30-17h lun-sam ; Zattere)

Collezione Peggy Guggenheim

MUSÉE

5 PLAN P. 82, F5

Au milieu du XVIIe siècle, l'architecte Lorenzo Boschetti, chargé par la famille patricienne des Venier d'imaginer une résidence qui rivaliserait avec toutes les autres du Grand Canal non seulement par sa beauté, mais aussi par ses dimensions, se donna pour objectif de réunir dans un seul bâtiment le meilleur de l'architecture vénitienne, en y glissant des hommages aux deux architectes, Palladio et Longhena, qui, à la Renaissance et à l'époque baroque, avaient le plus marqué la physionomie de la ville. Il ne put mettre ses intentions à exécution, car la construction du palais s'arrêta au premier étage en raison des problèmes économiques des Venier. Surnommée le Palais inachevé, la **Ca' Venier dei Leoni** est cependant l'un des plus admirés de Venise, pour son histoire autant que pour sa collection.

En 1947, Peggy Guggenheim, héritière d'une famille de banquiers américains, arriva

Ca' Rezzonico

en Europe avec sa riche collection d'œuvres d'artistes d'outre-Atlantique, qu'elle présenta l'année suivante à la Biennale de Venise.

Fin 1949, Peggy acheta le Palazzo Venier dei Leoni et y rassembla en peu de temps la plus importante collection des avant-gardes européennes. En 1962, la "dernière dogaresse" reçut le titre de citoyenne d'honneur de Venise, ce qui ne l'empêcha pas de léguer sa collection d'art moderne à la fondation Solomon R. Guggenheim plutôt qu'à la ville. Parmi les artistes dont vous verrez les œuvres ici, citons Dalì, Fontana, Kandinsky, Magritte, Picasso, Man Ray et Mondrian. (041 240 54 11 ; www.guggenheim-venice.it ; Calle San Cristoforo 701 ; tarif plein/senior/-18 ans/ 16/14/9 €, gratuit -10 ans ; 10-18 mer-lun ; Salute, Accademia)

Ca' Rezzonico

MUSÉE

6 PLAN P. 82, D3

La construction du bâtiment qui abrite le **Museo del Settecento Veneziano** (musée du XVIIIe siècle vénitien) débuta sous les auspices de Longhena et fut achevée après 1750 par Giorgio Massari, dans le respect du projet de son prédécesseur. Faites quelques pas dans l'entrée, retournez-vous pour admirer le jeu de lumière que les architectes ont créé pour agrandir l'espace et dirigez le regard vers le blason de la famille Rezzonico. Au 1er étage se succèdent le **salon du Bal**, sans égal à Venise en termes de taille et de décoration,

Sur le "pont des Poings"

Entre le Campo San Barnaba et le Campo Santa Margherita, le **Ponte dei Pugni** (plan p. 82, C4 ; Fondamenta Gherardini, Dorsoduro ; Ca' Rezzonico) doit son nom aux bagarres qui s'y déroulaient, fruits de la rivalité entre les Nicolotti (pêcheurs de San Nicolò dei Mendicoli, à l'ouest de Venise, avec ceinture et bonnet noirs) et les Castellani (pêcheurs de San Pietro di Castello, à l'est de Venise, ceinture et bonnet rouges). Disputé une fois par an, le combat durait des heures et donnait le droit au camp vainqueur de planter ses couleurs sur le pont. La lutte tournait souvent au pugilat, faisant régulièrement des victimes qui finissaient à l'eau. Repérez l'empreinte des pieds au sol près du pont : elle servait à déterminer la position des adversaires. (Fondamenta Gherardini, Dorsoduro ; Ca' Rezzonico)

la **salle de l'Allégorie nuptiale**, en l'honneur des époux Ludovico Rezzonico et Faustina Savorgnan, et la **salle du Trône**, avec son plafond et son *Allégorie du Mérite* signés Giambattista Tiepolo.

Le **grand salon des Peintures**, au 2e étage, réunit deux pièces maîtresses d'un jeune Canaletto, tandis qu'une salle consacrée à Giandomenico Tiepolo accueille les fresques que le peintre exécuta pour sa villa familiale, donc sans contrainte ; la **salle du Parloir** abrite deux vues d'intérieur de Francesco Guardi. Ne quittez pas cet étage sans avoir visité la fabuleuse **alcôve**, qui restitue l'atmosphère décadente de l'aristocratie vénitienne. Au dernier étage, la **pinacothèque d'Egidio Martini** expose des peintures de l'école vénitienne, du XVe siècle au début du XXe siècle ; ne manquez pas les grands paysages de Marco Ricci et les vues insolites d'Ippolito Caffi. (041 241 01 00 ; carezzonico.visitmuve.it ; Fondamenta Rezzonico, Dorsoduro 3136 ; tarif plein/réduit 11/8,50 € ou MUVE Museum Pass ; 10h-17h mer-lun ; Ca' Rezzonico)

Campo Santa Margherita

PLACE

7 PLAN P. 82, B3

L'une des plus vastes places de Venise fut encore agrandie au milieu du XIXe siècle, quand certains canaux l'entourant furent comblés parce qu'insalubres. Son nom vient de l'église qui s'élève au nord-est du *campo*, au campanile tronqué. Menaçant de s'effondrer, le haut fut en effet démoli en 1808, deux ans avant que l'église ne soit déconsacrée. Elle est devenue l'Auditorium Santa Margherita, à disposition de l'Università

Ca' Foscari ou de particuliers, sur demande, pour des événements divers. L'autre particularité de ce *campo* est le bâtiment isolé en son centre, l'ancienne **Scuola dei Varoteri** (ne se visite pas), c'est-à-dire des tanneurs de cuir et des fourreurs. Sur sa façade nord, un bas-relief représente la Vierge avec la confrérie des fourreurs. Son emplacement vient de ce qu'il donnait sur un *rio* comblé plus tard. Le *campo* est le théâtre d'une intense vie de quartier et un lieu très animé le soir. La proximité des deux universités de Venise y attire de nombreux jeunes. (Ca' Rezzonico, San Tomà, Zattere, Piazzale Roma)

Chiesa et Scuola Grande dei Carmini

ÉGLISE, SCUOLA

8 PLAN P. 82, B3

La Scuola di Santa Maria del Carmelo était initialement accueillie dans l'église, jusqu'à ce qu'au XVIIe siècle Longhena et Caustello ne conçoivent son nouveau siège. À l'intérieur, l'émotion naît dès que l'on monte le lumineux escalier monumental, et culmine face aux nombreuses œuvres de Giambattista Tiepolo, Piazzetta et Padovanino. L'église qui la flanque, datant du XIVe siècle, conserve un plan gothique à trois nefs séparées par deux rangées de colonnes. Elle abrite quelques œuvres intéressantes, dont un retable qui représente la Vierge remettant le scapulaire des Carmes à saint Simon Stock. (041 528 94 20 ; www.scuolagrandecarmini.it ; Campo Santa Margherita 2617 ; tarif plein/réduit 7/5 € ; 11h-17h ; Zattere, Ca' Rezzonico)

Chiesa di San Nicolò dei Mendicoli

ÉGLISE

9 PLAN P. 82 A3

L'église n'a guère changé depuis le XIIe siècle (voyez le campanile vénéto-byzantin), complétée par un préau au XVe siècle. Outre plusieurs œuvres des peintres de l'école de Véronèse, l'intérieur révèle une infinité de perspectives, créées par les nombreuses chapelles latérales. Le préau offrait une protection aux femmes pieuses démunies et aux pauvres (*mendicoli* signifie "mendiants" ; Mendigola est aussi l'ancien nom de l'île sur laquelle s'élève l'église). La zone était en effet très pauvre, peuplée de petits pêcheurs appelés *nicolotti*. Le nom désigna par la suite les habitants du quartier, l'une des deux factions qui s'affrontaient sur le Ponte dei Pugni (p. 88). (041 275 03 82 ; www.anzolomendicoli.it ; Campo San Nicolò ; 10h-12h et 15h-17h30 lun-sam, 9h-12h dim ; San Basilio)

Se restaurer

Gelateria da Nico

GLACIER €

10 PLAN P. 82, C6

On vient ici pour le *gianduiotto di Nico* (à emporter/sur place 4/6,50 €), un imposant

Vue du Ponte dei Pugni (p. 88), Fondamenta del Squero

parallélépipède de glace au *gianduia* (chocolat aux noisettes), planté dans un gobelet et noyé dans la crème fouettée. Une institution depuis près de 100 ans. (041 522 52 93 ; gelaterianico.com ; Fondamenta Zattere al Pontelongo 922 ; 7h30-22h30/23h en été, jusqu'à 21h en hiver ; Zattere)

Pasticceria Tonolo

PÂTISSERIE €

11 PLAN P. 82, C2

Les bonnes pâtisseries ne manquent pas à Venise, mais pour ses fidèles, c'est la meilleure. Elle est portée aux nues depuis 1953, à juste titre, pour le petit-déjeuner ou toute envie de douceur. (041 523 72 09 ; Calle dei Preti 3764 ; 7h45-20h mar-ven, jusqu'à 18h sam et 13h dim ; San Tomà)

Al Bottegon – Cantinone già Schiavi

BACARO €

12 PLAN P. 82, D5

Si beaucoup cèdent à la tentation de boire un verre (1 € pour le vin ordinaire) en mangeant un *crostino* (1,50 €, celui au thon et poireaux est mémorable) accoudé aux rambardes de la *fondamenta* sur laquelle donne cette cave historique, nous recommandons l'intérieur : l'atmosphère a un charme indéniable, avec un long comptoir de marbre envahi de bouteilles. (041 523 00 34 ; Fondamenta Nani 992 ; 8h30-20h30 lun-sam ; Zattere)

Locanda Montin RESTAURANT €€

13 PLAN P. 82, C5

Pour un saut dans une "vénitianité" en voie d'extinction, tout près du Squero San Trovaso, sur l'une des *fondamente* les plus typiques. On ne saurait trancher entre l'intérieur, au mobilier comme on n'en fait plus, et l'extérieur, jardin insoupçonnable entre les maisons. Vous y savourerez des classiques vénitiens de viande et de poisson, dans une ambiance authentique et chaleureuse. (041 522 71 51 ; www.locandamontin.com ; Fondamenta di Borgo 1147 ; repas 35-40 € ; 19h30-22h mer et jeu, 12h30-14h30 et 19h30-22h ven-dim mars-oct ; Zattere)

Estro RESTAURANT, BAR À VINS €€€

14 PLAN P. 82, C2

L'*estro* (créativité) est celle de Dario et Alberto, originaires de Murano. L'île est présente partout, dans les lampes, la vaisselle, le dressage des tables et la cuisine, typique de la lagune. Quand il figure au menu, en saison, le *bisato* (anguille) est excellent. Dario soigne la sélection de presque 700 bouteilles. En cuisine, Alberto s'emploie à rendre uniques les saveurs de la tradition, relevant même le défi de proposer des idées nouvelles pour un classique : le *tramezzino*, qui devient ici gastronomique. (041 476 49 14 ; www.estrovenezia.com ; Crosera, Dorsoduro 3778 ; menus 36-60 €, repas 40-50 € ; restaurant 12h30-14h15 et 19h-22h15, bar à vins 12h-23h mer-lun ; San Toma, Ca' Rezzonico)

Trattoria Altanella TRATTORIA €€€

15 PLAN P. 82, D6

Stefano et Roberto, fils de Gianni, le fondateur, gèrent l'un des plus anciens établissements de la Giudecca. Excellentes suggestions de cuisine locale, traditionnelle (foie à la vénitienne et *bigoli* – gros spaghettis –à l'anchois) et moderne (*tagliolini* à l'encre de seiche aux crevettes et courgettes, gnocchis à l'encre de seiche). On apprécie la superbe terrasse sur l'eau, tout comme le calme et les nombreux tableaux de l'intérieur. La gentillesse est de mise. Pour le samedi et le dimanche, réservez. (041 522 77 80 ; Calle delle Erbe, Giudecca 268 ; repas 40-50 € ; 12h-14h et 19h30-23h mer-dim ; Palanca, Redentore)

Prendre un verre

Osteria alla Bifora BAR À VINS

16 PLAN P. 82, B3

Dans cette entrée de palais transformée en salle à manger (la fenêtre géminée qui lui donne son nom est au fond), on s'installe au comptoir ou à des tables de bois rustiques pour un verre de vin ou un spritz. Si vous avez faim, *cicheti* (assortiment 20 €) et planches de charcuterie pour tous les goûts (15-25 € selon la quantité). Les tables de l'extérieur sont très convoitées. (041 523 61 19 ; Campo Santa Margherita, Dorsoduro 2930 ; repas 30 € ; 12h-2h ; Ca' Rezzonico)

Cafè Noir

CAFÉ, BAR

17 PLAN P. 82, C2

Un des lieux de rendez-vous des jeunes Vénitiens, près du Campo Santa Margherita. Cocktails généreux et sandwichs servis très tard. (041 200 78 93 ; Calle dei Preti, Dorsoduro 3805 ; verre 2,50-10 € ; grosse salade 8 € ; 11h-2h lun-ven, 19h-2h sam-dim ; San Tomà)

El Chioschetto

CAFÉ, BAR

18 PLAN P. 82, B5

Il a presque des allures de bar de plage, ce "petit kiosque" avec sa belle terrasse. On y jouit d'une vue splendide sur le canal de la Giudecca, parfaite pour accompagner un spritz. Des soirées musicales en plein air y sont parfois organisées. (348 396 84 66 ; Fondamenta Zattere al Ponte Longo 1406/A ; apéritif 4-4,50 € ; 9h-23h juin-sept, fermeture anticipée fév-mai et oct-nov ; Zattere)

Osteria ai Pugni

BAR À VINS

19 PLAN P. 82, C4

Bons sandwichs et suggestions du jour, carte des vins fournie, et emplacement remarquable, au bout du Ponte dei Pugni, près de la *barca della frutta*, le primeur flottant de San Barnaba. Un bar qui mérite une halte à toute heure. (346 960 77 85 ; Fondamenta dei Pugni 2859 ; repas 20 € ; 8h30-1h lun-sam, 10h30-1h dim en été ; Ca' Rezzonico)

Malvasia all'Adriatico Mar

BACARO, BAR À VINS

20 PLAN P. 82, C2

À l'époque de la Sérénissime, les *malvasie* étaient les débits de boissons (p. 19). Dans un petit coin calme de Dorsoduro, vous pourrez boire ici du bon vin et déguster des *cicheti* à base de spécialités de toute l'Adriatique, face à un canal où les clients amarrent leur bateau en été. (041 476 43 22 ; Calle dei Preti 3771 ; cicheti 1-3 € ; 17h-22h lun ; 10h-22h mar-sam ; San Tomà)

Sortir

Venice Jazz Club

JAZZ

21 PLAN P. 82, B3

Club de jazz devenu historique, il est aussi connu sous le nom de Round Midnight. Les bonnes vibrations ne cessent quasiment jamais, grâce au Venice Jazz Quartet, qui s'y produit lorsque la scène est libre. (340 150 49 85 ; www.venicejazzclub.com ; Fondamenta del Squero 3102 ; entrée avec boisson à partir de 20 € ; à partir de 19h, concerts à 21h lun-mer et ven-sam sept-juil ; Ca' Rezzonico)

Teatro a l'Avogaria

THÉÂTRE

22 PLAN P. 82, A4

Achetez votre billet tôt si vous souhaitez assister à un spectacle expérimental proposé dans le plus petit théâtre de Venise. (335 37 28 89 ; www.teatro-avogaria.it ;

Corte Zoppa 1617 ; San Basilio, Ca' Rezzonico)

Shopping

Colussi
PÂTISSERIE

23 PLAN P. 82, B4

Colussi est le papy-gâteau de tous les petits Vénitiens, et des plus grands aussi : ils viennent chez lui chercher le meilleur de la pâtisserie vénitienne, *focaccia* (qui est une brioche à Venise), biscuits et gâteaux. (041 523 18 71 ; Calle Lunga San Barnaba 2754/A ; 9h-13h et 15h30-19h mer-dim ; Ca' Rezzonico)

Paolo Olbi
PAPETERIE ARTISANALE

24 PLAN P. 82, C3

Au mur, Paolo a accroché le portrait de Manuzio (éditeur vénitien de la fin du XVe siècle) comme pour mieux rappeler qu'ici on imprime encore à la main. "L'encrage est fait manuellement – nous vivons hors du temps", dit-il. Agendas, répertoires et albums de souvenirs. (389 493 37 48 ; olbi.atspace.com ; Ponte Ca' Foscari 3253 ; 9h-19h30 lun, 15h30-19h30 mar-dim ; San Tomà, Ca' Rezzonico)

Signor Blum
JOUETS ARTISANAUX

25 PLAN P. 82, C4

L'explosion de couleurs dans la vitrine de ce magasin d'objets et de jouets artisanaux en bois attirera l'attention des petits et des grands. (041 522 63 67 ; www.signorblum.com ; Fondamenta Girardini 2840 ; 10h-13h30 et 15h-19h30 ; Ca' Rezzonico)

Signor Blum

Perlamadredesign VERRERIE, BIJOUX

26 PLAN P. 82, C3

Simona et Evelina expriment à travers leurs créations leur goût prononcé pour le design et leur grand respect pour le travail traditionnel sur verre. (340 844 91 12 ; www.perlamadredesign.com ; Calle del Fabro 3182 ; 10h30-13h et 15h30-18h30 lun-sam ; Ca' Rezzonico)

Danghyra CÉRAMIQUES ARTISANALES

27 PLAN P. 82, C3

Le doré, qui domine ici, orne les vases, lampes, tasses et plats. Pour autant, les couleurs plus discrètes sont aussi présentes. (041 522 41 95, chat 380 477 46 91 ; www.danghyra.com ; Calle della Vida 3220 ; 10h-13h et 14h-19h ; Ca' Rezzonico, San Tomà)

Libreria Marco Polo LIBRAIRIE

28 PLAN P. 82, B3

Ce n'est pas l'une des libraires historiques de Venise, mais elle est de celles qui font son histoire culturelle récente. Dans une ville qui compte aussi peu d'habitants, il est rare de trouver une librairie qui fasse des choix aussi exigeants, faisant confiance à des petites ou moyennes maisons d'édition. (041 822 48 43 ; www.libreriamarcopolo.com ; Campo Santa Margherita, 2899 ; 10h-13h30 et 14h30-20h lun-sam, 11h-13h30 et 14h30-19h dim)

Solo se... MODE

29 PLAN P. 82, D4

Mirca et ses deux amies, toutes trois armées de passion, goût et fantaisie, proposent dans cette boutique originale des vêtements et bijoux de créateurs. (041 522 77 27 ; Calle Contarini Corfù 1056/A ;

Chantiers navals

Les *squeri* sont les petits chantiers navals servant à la construction et au remisage des bateaux traditionnels. On y respire l'esprit le plus authentique de Venise, celui des métiers de la mer et de la culture du bois. Deux des *squeri* les plus importants se trouvent à Dorsoduro, le **Squero San Trovaso** (plan p. 82, C6) et le **Squero Tramontin** (plan p. 82, A5), toujours en activité. Le Squero San Trovaso offre un écho vivant et bourdonnant d'activité de ce qu'a pu être le passé de la ville. Admirez-le sur la Fondamenta Nani ou suivez une visite guidée (25 pers au minimum), organisée, entre autres activités, par Terra & Acqua (ci-contre).

10h-19h30 lun-sam, 11h-19h dim ; Accademia)

Activités

Terra & Acqua

BALADES EN BATEAU

30 PLAN P. 82, C5

Une promenade à bord d'un *bragozzo*, bateau à voile autrefois utilisé par les pêcheurs qui allaient jusqu'aux côtes de l'Istrie, offre une immersion dans l'histoire de la ville, mais aussi une façon formidable de découvrir la lagune. Location de l'embarcation pour 9-12 pers 400-550 €. Les sorties partent du Squero San Trovaso (encadré ci-contre). (347 420 50 04 ; www.terraeacqua.com ; Fondamenta Bonlini, Campo San Trovaso 1097 ; location de l'embarcation pour 9-12 pers 400-550 €, repas à bord 27 €/pers)

Ca' Macana

MASQUES, COSTUMES

31 PLAN P. 82, C3

Les masques d'*Eyes Wide Shut*, de Stanley Kubrick, ont été faits ici. Vous pourrez en acheter et même apprendre à les fabriquer. (041 277 61 42 ; www.camacana.com ; Calle delle Botteghe 3172 ; atelier 1 heure avec un livre et un masque à choisir parmi 50 modèles 39-49 € par personne en fonction du nombre de participants, 10h-19h30 haute saison, 10h-18h30 basse saison, ateliers : 10h30-12h30 et 14h30-17h30 lun-sam haute saison, 10h30-12h30 et 14h30-15h30 lun-sam basse saison, réservation conseillée ; Ca' Rezzonico)

Vaut le détour

La Giudecca

La Giudecca s'étire au sud de la cité, telle une anguille qui ondulerait sous son ventre. Son histoire est complexe : d'abord destinée aux Juifs, puis résidence de nobles vénitiens, elle fut un village ouvrier au début du XXe siècle avant d'accueillir de nombreux studios d'architecture et de design. Des lignes épurées des églises de Palladio aux fantaisies néogothiques de l'Ostello et du Molino Stucky, la Giudecca est unique.

Comment y aller

Les lignes nos2, 4.1 et 4.2 desservent tous les arrêts de la Giudecca. La n°2 navigue dans les deux sens et, à mi-chemin, fait la navette avec les Zattere. La n°4.1 décrit une boucle et dessert Venise à Santa Marta et à San Zaccaria ; la n°4.2 fait le trajet inverse.

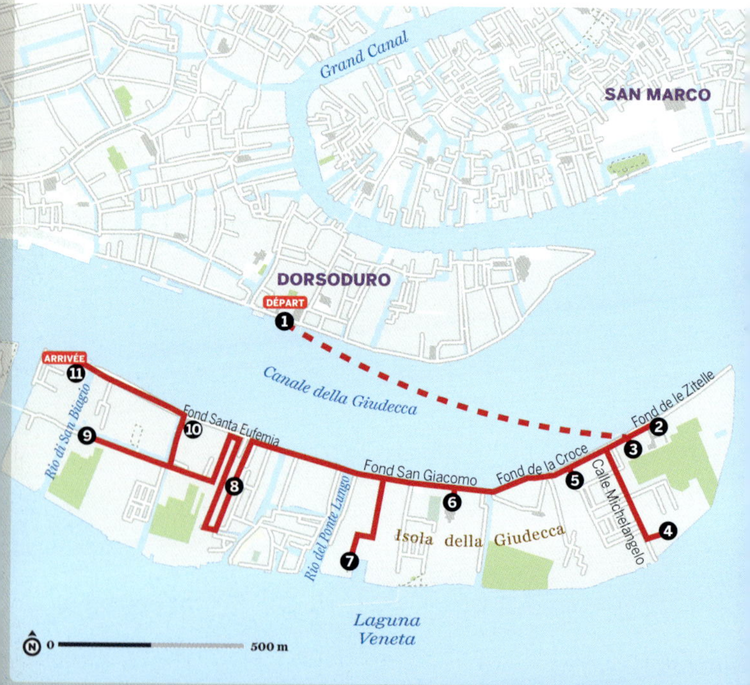

❶ La fabrique de Palladio

Observez d'abord la Giudecca de la rive d'en face, la Fondamenta delle Zattere (p. 84). De gauche à droite, se reflétant dans le canal, la basilique de San Giorgio Maggiore (sur l'île du même nom voisine de la Giudecca), l'austère église des Zitelle et enfin celle du Redentore illustrent les phases de la recherche de Palladio, architecte novateur de la Renaissance.

❷ Le Zitelle

L'exploration de l'île débute à gauche de l'arrêt de *vaporetto* Zitelle. Conçue par Palladio à la fin du XVIe siècle, la Chiesa di Santa Maria della Presentazione, connue sous le nom de Zitelle ("vieilles filles"), comprenait autrefois un orphelinat et un hospice pour jeunes filles pauvres – aujourd'hui un hôtel (le Palladio) et son spa. L'église ne se visite que sur rendez-vous.

❸ Trois yeux

Plus près de l'arrêt Zitelle, la **Casa dei Tre Oci** (☎041 241 23 32 ; www.treoci.org ; Fondamenta delle Zitelle, Giudecca 43 ; tarif plein/réduit 10/8 € environ ; 🕙variables selon l'expo, en général 10h-18h mer-lun ; ⛴Zitelle), dont les fenêtres évoquent trois yeux (d'où son nom), est un centre d'art principalement centré autour de la photographie.

❹ Splendeurs du XXe siècle

Presque au bout de la Calle Michelangelo, vous trouverez sur votre gauche, au n°54/O, l'entrée de la **Villa Hériot** (parc en accès libre ; 🕙10h-17h lun et mer, 10h-14h mar et jeu). L'ensemble comprend deux villas et une *cavana* (remise à bateaux) bâties au début du XXe siècle. Splendide exemple des résidences de luxe de la Giudecca, ces demeures revisitent de manière éclectique la tradition byzantine de la ville et offrent une vue imprenable sur le sud de la lagune.

❺ Un palais venu d'ailleurs

Revenu sur la rive nord et en partant vers l'ouest, vous croiserez un édifice inattendu : l'**Ostello Venezia** (☎041 877 82 88, poste 3 ; Fondamenta delle Zitelle ; tarif variable selon la saison : d 50-500 €, qua et quin 50-600 €, dort 5-7-8 lits 15-100 €/pers, dort 10-14-16 lits 10-90 €/pers), auberge de jeunesse qui a pris ses quartiers dans un ancien grenier bâti par un architecte néerlandais.

❻ Chiesa del Santissimo Redentore

Une église grandiose signée Palladio, aux proportions harmonieuses et à la simplicité toute franciscaine, voulue par le Sénat vénitien en 1576 pour remercier le Ciel d'avoir survécu à

Une petite pause ?

Un *tramezzino* et un spritz au bar **La Palanca** (☎041 528 77 19 ; Fondamenta Sant'Eufemia, Giudecca 448 ; repas 35-45 € ; 🕙12h-14h30 lun-sam, bar 7h-21h ; ⛴Palanca).

une épidémie de peste (encadré p. 81). L'intérieur, vaste et dépouillé, conserve des toiles de Palma le Jeune, de Véronèse et du Tintoret, et accueille des centaines de fidèles lors de la célébration de la fin de l'épidémie (3e dim de juillet). (041 523 14 15 ; Campo del Santissimo Redentore, Giudecca 195 ; tarif plein/réduit 3/1,50 € ou Chorus Pass ; 10h30-16h30 lun-sam ; Redentore)

7 Les chantiers navals

En empruntant le passage couvert entre les nos 211 et 212 de la Fondamenta San Giacomo, vous vous retrouverez au cœur d'un atelier naval, avec de vieilles barques, de nouvelles embarcations et quelques épaves. En continuant votre promenade, vous gagnerez la rive sud de l'île, où un splendide panorama vous attend, parmi les bruits et les odeurs d'un artisanat séculaire, celui des charpentiers de marine. (Redentore)

8 Corte dei Cordami

Repartez aux *fondamente* et tournez à gauche juste avant l'embarcadère Palanca pour rejoindre la Corte dei Cordami. Sa forme insolite rappelle qu'on y fabriquait les cordes de chanvre. Notez les 13 cheminées qui permettaient non seulement d'évacuer la fumée des maisons, mais aussi d'étouffer les étincelles, parfois responsables de terribles incendies, ou encore de favoriser la circulation de l'air, combattant ainsi l'humidité dans les habitations. (Palanca)

Le Zitelle (p. 97)

DALIU/SHUTTERSTOCK ©

De Spinalonga à la Giudecca

À l'origine, la Giudecca était une zone marécageuse dénommée Spinalonga, probablement à cause de la forme en arête de poisson des petites îles allongées qui la constituaient. Son nom actuel dériverait de *zudegà* ("jugé"), évoquant un jugement du IXe siècle selon lequel certains nobles bannis de Venise pouvaient recevoir des terrains à la Giudecca en guise d'indemnisation. Selon une autre version, son nom est lié à la présence d'une communauté juive (*giudei*) ici confinée avant l'instauration du Ghetto en 1516 ; effectivement, sur les cartes du XVIe siècle, l'île figure sous le nom de Judaica. C'est au cours de ce même siècle qu'elle fut entièrement assainie et prit sa configuration actuelle. Avec la chute de la République de Venise en 1797, elle subit le même sort que la ville : les nobles qui y résidaient perdirent progressivement leur pouvoir au cours du XIXe siècle et, à partir du XXe siècle, les espaces verts laissèrent la place à des bâtisses populaires et à la zone manufacturière à l'ouest, faisant de l'île un quartier ouvrier. De 1943 à 1950, la Giudecca accueillit les studios de cinéma de la Scalera.

9 Le Convertite

Prenez la Fondamenta delle Convertite pour vous rendre au **Mercato delle Convertite** (Giudecca 712, face à la prison des femmes ; 9h-12h jeu) où les fruits, les légumes bio proviennent du potager d'un ancien couvent qui abrite aujourd'hui la prison des femmes (*carcere femminile*) de Venise. Les détenues cultivent la terre, créent des cosmétiques et font de la reliure.

10 Chiesa di Sant'Eufemia

Revenez sur vos pas le long de la Fondamenta delle Convertite, puis prenez à gauche pour visiter l'église Sant'Eufemia, une des plus singulières de la ville. Elle se distingue par sa sobriété et l'harmonie de ses proportions, son emplacement et son grand âge. Car même si elle a connu de nombreux remaniements, elle a été bâtie au IXe siècle ! À l'intérieur, elle conserve de magnifiques stucs et des œuvres d'artistes mineurs.

11 Molino Stucky

À la fin du XIXe siècle, fort des quelque 1 500 ouvriers de sa minoterie, Giovanni Stucky produisait jusqu'à 2 500 quintaux de farine par jour. Après son assassinat en 1910 par l'un de ses employés, le site déclina. Les machines devinrent obsolètes, et le commerce maritime, dont le moulin dépendait, fut peu à peu supplanté par le rail. Les deux guerres mondiales engendrant confiscations et destructions, les activités cessèrent en 1955. Aujourd'hui, cette forteresse néogothique abrite un hôtel de luxe du groupe Hilton ; sur son toit, il a aménagé un fantastique bar lounge, le **Skyline Rooftop** (041 272 33 11 ; www.molinostuckyhilton.it ; Hilton Molino Stucky, Giudecca 810 ; 12h-1h avr-oct, 16h-minuit nov-mars ; Palanca).

Explorer San Polo et Santa Croce

Ces deux quartiers centraux de Venise doivent leur nom à deux églises. L'une d'elles, Santa Croce, n'existe plus : jadis située près du Piazzale Roma, là où s'étendent aujourd'hui les Giardini Papadopoli, elle fut démolie au début du XIXe siècle.

San Polo et Santa Croce recèlent des œuvres d'art et d'architecture majeures parmi un dédale de ruelles étroites où il fait bon se perdre pour découvrir les aspects les plus authentiques de la ville. Dans ces deux quartiers pourtant petits, on pourrait marcher des jours entiers !

Notre sélection

- ***Grand Canal (p. 102)****. Embarquez en vaporetto pour une croisière inoubliable sur le canal mythique.*
- ***Basilica dei Frari (p. 106)****. Un chef-d'œuvre du gothique vénitien.*
- ***Marché du Rialto (p. 108)****. À voir le matin, quand il bourdonne d'activité, pour une immersion dans la vie de la ville.*

Comment y aller

Vaporetto Les deux quartiers sont desservis par les lignes n°1 et N ; la ligne n°2 ne s'arrête qu'à Piazzale Roma et à San Tomà.

Plan du quartier p. 110

Rio San Pantalon, San Polo

Les incontournables

Naviguer au pays des merveilles sur le Grand Canal

Prenez une carte et regardez comment le canal sinue et s'insère dans celui de la Giudecca : il vous semblera alors évident que le Grand Canal se love dans ce qui fut le cours d'un fleuve, du temps où la lagune était moins profonde et que sa population utilisait son lit comme un port-canal. Ensuite, embarquez sur un vaporetto de la ligne n°1 et commencez votre voyage enchanté.

PLAN P. 110, G2

Le Grand Canal, que les Vénitiens appellent Canalazzo, mesure 3,8 km de long et entre 30 et 70 m de large. La partie la plus étroite correspond au Rialto, un des quatre ponts qui l'enjambent. Pour le traverser, il existe aussi sept embarcadères de gondoles de *traghetto*.

Du Piazzale Roma à Santa Sofia

Passé le ❶Ponte della Costituzione, un peu avant celui des ❷Scalzi, la coupole vert-de-gris de la ❸Chiesa di San Simeon Piccolo apparaît sur la droite puis on glisse jusqu'à la ❹Chiesa di San Geremia, qui se dresse à l'entrée du Rio di Cannaregio. Sur votre droite, vous verrez défiler le ❺Fondaco dei Turchi, restauré au milieu du XIXe siècle et siège du Museo di Storia Naturale, et ❻l'entrepôt à grains de la Sérénissime, marqué du lion ailé. En face, vous noterez l'imposante bâtisse de la ❼Ca' Vendramin Calergi, qui fut la demeure de Wagner et accueille le casino. ❽San Stae avec sa riche façade conçue par Domenico Rossi (1709) est l'une des rares églises tournées vers le Grand Canal. La rive droite réserve d'autres surprises, comme l'exubérante façade baroque de la ❾Ca' Pesaro et celle de la ❿Ca' Corner della Regina, bâtie au XVIIIe siècle sur les vestiges de la résidence de la reine de Chypre, aujourd'hui siège de la Fondation Prada. La rive gauche surenchérit avec l'un des plus beaux palais du parcours, la ⓫Ca' d'Oro, fruit d'une réinterprétation radicale de Meduna au XIXe siècle, puis d'une superbe restauration à laquelle participa D'Annunzio. Plus loin se dresse le ⓬Palazzo Morosini Sagredo, d'origine byzantine et remanié à partir de 1382.

De Santa Sofia à la Ca' Foscari

Ensuite, rive droite, vous apercevrez le grand pavillon de la ⓭Pescheria Nuova (1907), suivi du long bâtiment des ⓮Fabbriche Nuove. En face, impossible de manquer les formes archaïques vénéto-byzantines de la ⓯Ca' da Mosto, une maison-entrepôt du XIIe siècle. Le ⓰Palazzo dei Camerlenghi clôture la zone commerçante du Rialto. En face, le ⓱Fondaco dei Tedeschi, comptoir des marchands allemands, fut reconstruit après l'incendie de 1505 sur les restes d'un

★ À savoir

- La ligne de *vaporetto* n°1 de l'ACTV est idéale pour ce parcours.
- Évitez les horaires de pointe : le début de l'après-midi est un bon créneau, vous pourrez trouver une place assise, de préférence en proue ou en poupe.
- Parcourez-le au moins une fois à l'aube et une autre au coucher du soleil.
- Si vous êtes assis à l'avant du *vaporetto*, évitez de vous lever pour prendre des photos, sinon le capitaine ne verra plus rien !
- Le billet sans réservation coûte 9,50 € et est valable 75 minutes : si vous quittez puis reprenez le *vaporetto* dans ce laps de temps, vous n'aurez pas besoin d'en acheter un autre.

édifice du XIIIe siècle ; du toit, le panorama est splendide.
Au pied du 18 pont du Rialto, sur la rive droite, s'élève le 19 Palazzo dei Dieci Savi, avec ses arcades, autrefois siège de la Cour des comptes de la Sérénissime. La rive gauche rivalise de prestige avec le 20 Palazzo Bembo, remaniement gothique tardif sur fondations byzantines ; le 21 Palazzo Loredan et sa voisine, la Ca' Farsetti, un ensemble d'édifices très anciens (XIIe-XIIIe siècle) qui abritent l'hôtel de ville ; et le 22 Palazzo Grimani, réalisé par Sanmicheli à partir de 1556. En face, l'édifice somptueux (XVIe siècle) avec jardin (XIXe siècle) est le 23 Palazzo Papadopoli. Le voyage continue devant des palais fastueux, chacun vantant la richesse et le prestige de son propriétaire. Situés face à l'arrêt San Tomà, les 24 Palazzi Mocenigo furent la résidence de lord Byron, qui rentrait chez lui à la nage depuis le Lido après être monté à cheval toute la matinée. Enfin, sur

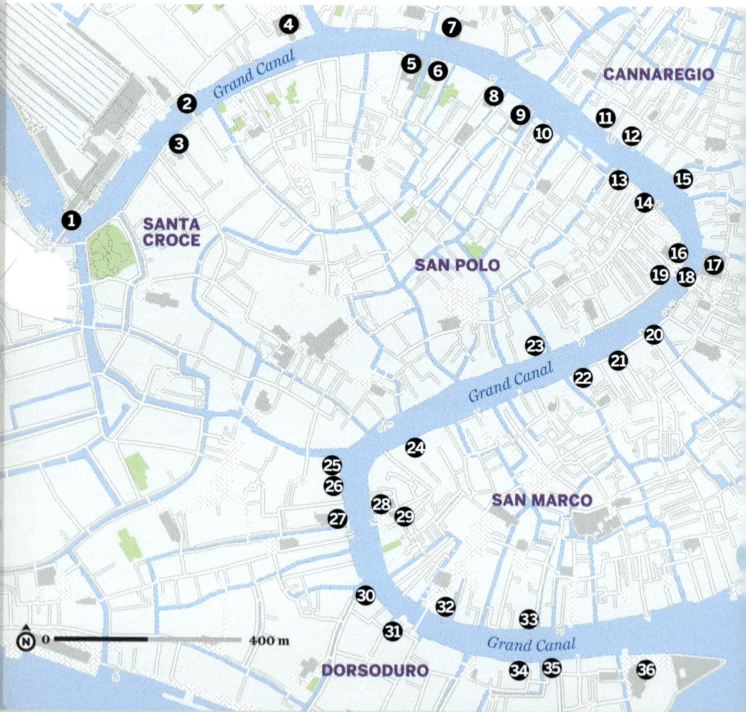

Les ponts du Grand Canal

Le **pont du Rialto** (p. 112) fut jusqu'au XIXe siècle la seule infrastructure qui permettait de traverser le Grand Canal. La piétonnisation progressive de la ville poussa cependant à la construction du **Ponte degli Scalzi** (plan p. 110, B5), face à la gare, et du **Ponte dell'Accademia** (plan p. 110, A6), entre le Campo San Vidal et l'Accademia di Belle Arti, tous deux conçus par Alfred Neville, ingénieur anglais spécialisé dans les ponts suspendus. Dans les années 1930, les ponts de Neville, trop bas pour les *vaporetti* et d'un entretien difficile, furent remplacés, le premier par un beau pont élancé en pierre d'Istrie, le second par un pont provisoire en bois. Entre reports et hésitations, le pont de l'Accademia est devenu définitif, et, récemment restauré, est resté en bois enduit de goudron, comme l'avait "provisoirement" conçu l'ingénieur Eugenio Miozzi. Le métal a fait sa réapparition sur le Grand Canal en 2008, avec l'inauguration du quatrième pont, le **Ponte della Costituzione** (plan p. 110, A6), entre le Piazzale Roma et la gare, sur un projet de l'architecte espagnol Santiago Calatrava.

la dernière courbe, rive droite, se dresse la (25) Ca' Foscari, demeure du XVe siècle ayant appartenu à une puissante famille de doges, qui accueille aujourd'hui l'Université.

De la Ca' Foscari à la Salute

C'est à la Ca' Foscari que s'achève la Regata Storica (course de gondoles) le premier dimanche de septembre. À côté trônent les (26) Palazzi Giustinian et la (27) Ca' Rezzonico et, en face, l'élégant (28) Palazzo Grassi, de style classique (1748-1772), signé Giorgio Massari. Le frêle campanile qui pointe à côté est celui de la (29) Chiesa di San Samuele. Naviguant désormais en plein centre-ville, vous noterez que les *palazzi* sont de plus en plus luxueux. Citons les (30) palais Corfù et Contarini degli Scrigni, le premier de style gothique tardif (XVe siècle), l'autre un projet de Scamozzi du XVIIe siècle. Au pied du Ponte dell'Accademia, rive droite, s'étend l'ancien ensemble conventuel de Santa Maria della Carità, qui abrite aujourd'hui les (31) Gallerie dell'Accademia et, en face, la bâtisse imposante du (32) Palazzo Cavalli-Franchetti, du XVe siècle, agrandi et remanié par Camillo Boito au XIXe. Sur ce même côté, vous verrez le (33) Palazzo Corner della Ca' Granda, d'époque Renaissance, tandis qu'en face se dresse l'insolite (34) Palazzo Venier dei Leoni, "Palais inachevé" qui abrite la Collection Peggy Guggenheim, puis le (35) Palazzo Dario, aérien et très décoré. Le défilé continue, de part et d'autre, jusqu'au pied de la somptueuse (36) Basilica della Salute, qui, avec la Punta della Dogana, marque la fin du voyage.

Les incontournables

Se délecter de chefs-d'œuvre aux Frari

Dédiée à l'Assomption de la Vierge et édifiée pour les Franciscains, la basilique Santa Maria Gloriosa dei Frari est une des plus riches églises de Venise. Bel exemple de gothique vénitien, elle est formée de trois vaisseaux aux arcs ogivaux élancés ; outre la célèbre Assomption de Titien, elle abrite un chœur en bois de facture exceptionnelle placé au centre de l'église, comme il était d'usage au Moyen Âge : une sorte d'iconostase, très rare en Italie.

PLAN P. 110, C5

041 272 86 18

Campo dei Frari, 3072

www.basilicadeifrari.it, www.chorusvenezia.org

Campo dei Frari, 3072

Tarif plein/réduit 3/1,50 €, ou Chorus Pass

9h-18h lun-sam et 13h-18h dim

San Tomà

Titien et Canova

Si la Basilica dei Santi Giovanni e Paolo (p. 150) est le lieu de sépulture des doges et d'autres personnalités politiques de la République de Venise, c'est aux Frari que reposent, parmi de merveilleux chefs-d'œuvre, les représentants de la société civile et de la culture. Vous pourrez ainsi admirer le mausolée de Titien, réalisé trois siècles après sa mort par Canova et complété par les frères Zandomeneghi, ses élèves : un arc de triomphe surmonté d'un lion, avec, à l'arrière, un relief reproduisant le retable de l'*Assomption*. De ces monuments funéraires s'en détache un autre : entre 1822 et 1827, quelques élèves de Canova réalisèrent le mausolée de leur maître (seul le cœur est conservé ici, le reste de sa dépouille se trouvant à Possagno, sa ville natale). Cette monumentale pyramide en marbre de Carrare est dotée d'une ouverture vers laquelle les sculptures semblent se diriger. La portée métaphysique du mausolée invite à méditer sur le mystère de la mort. Le lion symbolise Venise, qui partage la douleur.

Titien et Donatello

Près du tombeau de Titien sont exposées deux peintures majeures : le retable de l'*Assomption* (1516-1518), chef-d'œuvre innovant qui orne le maître-autel, et la *Madonna di Ca' Pesaro* (1519-1526), originale dans la construction des perspectives et la disposition des figures : la Vierge à l'Enfant n'est pas placée au centre mais sur le côté, tandis qu'en bas à droite se tient un jeune garçon qui fixe le spectateur, créant un effet saisissant. Donatello aussi a marqué le lieu en signant son unique œuvre vénitienne dans la chapelle située à l'extrémité gauche du transept : une sculpture en bois (1438) représentant saint Jean en train de parler ; la charge expressive de l'œuvre est accentuée par le regard du saint, intense et poignant, et par la plastique de son bras levé.

★ À savoir

- C'est un des lieux de culte majeurs de Venise : prenez le temps de le visiter et acceptez qu'il puisse y avoir un peu de monde.
- La construction de la basilique commença vers 1340 et la façade ne fut achevée qu'en 1440.
- Le campanile mesure 70 m de haut. Il est le plus élevé de Venise après celui de la basilique Saint-Marc.
- Ne quittez pas le secteur juste après votre visite : la Chiesa et la Scuola Grande di San Rocco (p. 115) se trouvent à proximité.
- Vous êtes tout près du quartier de Santa Croce, mais aussi de celui de Dorsoduro (p. 73) : envisagez donc de faire quelques petites déviations.

Une petite pause ?

Un sandwich et un verre de vin à **La Bottiglia** (p. 122) ; un gin-tonic au **Caffè dei Frari – Il Mercante** (p. 122).

Promenade à pied

Au marché du Rialto

Autrefois, c'était le centre économique de la Sérénissime. On pouvait y trouver les épices et les ingrédients les plus exotiques, dont quelques boutiques exhalent encore les parfums, et un marché au poisson très florissant. Le charme est resté, ainsi que quelques échoppes, et les joyeux éclats de voix des Vénitiens, toujours attachés à ce lieu, surtout pour les courses du samedi matin.

À savoir

Départ Ruga dei Oresi

Arrivée Campo de le Becarie

Distance 500 m

Durée 1 heure en comptant les pauses

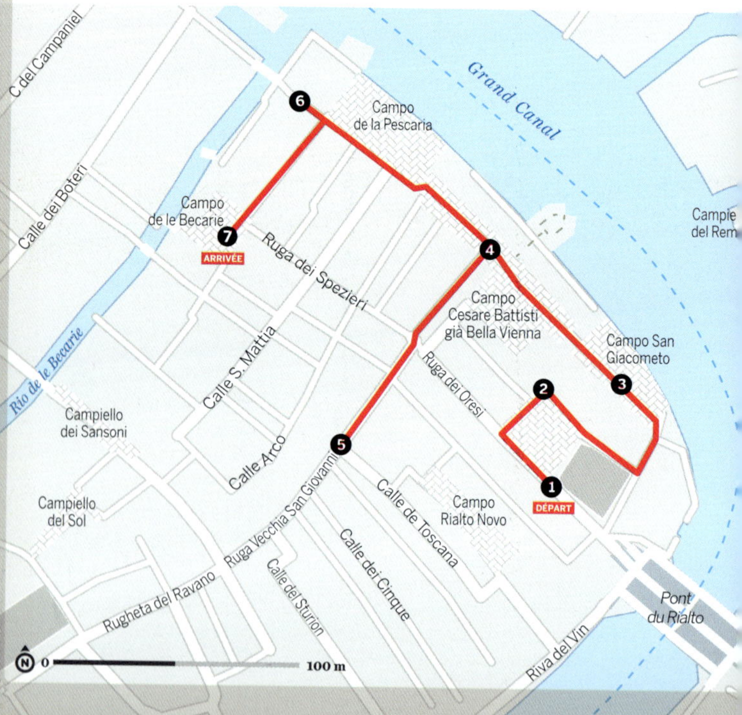

❶ Ruga dei Oresi

Cette rue des "joailliers" est flanquée d'arcades que réalisa le sculpteur et architecte Scarpagnino après l'incendie de 1514 (p. 112). Sur les fresques des lunettes, les saints et des motifs géométriques colorés illuminent les croisées d'ogives. Quelques joailleries y sont encore installées.

❷ Banco Giro

La "banque publique" de Venise était située ici. Fondée en 1524, elle permettait aux marchands du Rialto de recevoir des liquidités de clients qui n'en disposaient pas, via un guichet d'écritures comptables (le nom vient de *giroconto*, virement).

❸ Erbarìa

Cet ancien marché aux fruits et légumes s'étend sur une berge jadis en bois avant d'être pavée de pierre d'Istrie en 1398. D'autres toponymes du lieu spécifient le type de marchandise vendue, comme Naranzaria (oranges) ou Casaria (fromages).

❹ Fabbriche Nuove

Ces "halles" monumentales furent réalisées par Sansovino au milieu du XVIe siècle. Le rez-de-chaussée abritait les boutiques, les étages étaient occupés par les bureaux de régulation des commerces. C'est aujourd'hui le siège du tribunal. Un des côtés, doté de 25 arcades, donne sur le Grand Canal et l'autre sur le Campo Cesare Battisti, ex-Campo Bella Vienna, à présent couvert de stands de souvenirs.

❺ Ruga Rialto

Ici, l'on entreposait et triait les marchandises. L'espace venant à manquer, on ajouta au-dessus de la rue des avancées en bois ou en pierre, les *barbacani*, permettant de prolonger le plancher du 1er étage. Elles protégeaient aussi passants et marchands des intempéries (p. 113).

❻ Marché au poisson

Il se tient ici depuis 1332 et comprend deux pavillons : la Pescheria Vecchia et la Nuova. Cette dernière, inaugurée en 1907 et donnant sur le Grand Canal, est dotée de chapiteaux illustrant les produits en vente. Sur un des murs de la Vecchia, une plaque en marbre indiquait la taille minimale autorisée pour les poissons : les prémices de la pêche durable !

❼ Campo de le Becarie

Au sud-est de la Pescheria Nuova et au sud-ouest de la Vecchia s'ouvrent deux grandes places. La première accueille le marché aux fruits, la seconde, autrefois dédiée à la viande, se remplit de vie le samedi.

Une petite pause ?

Pour rester dans l'ambiance : **All'Arco** (p. 120) ou la **Cantina Do Mori** (p. 119).

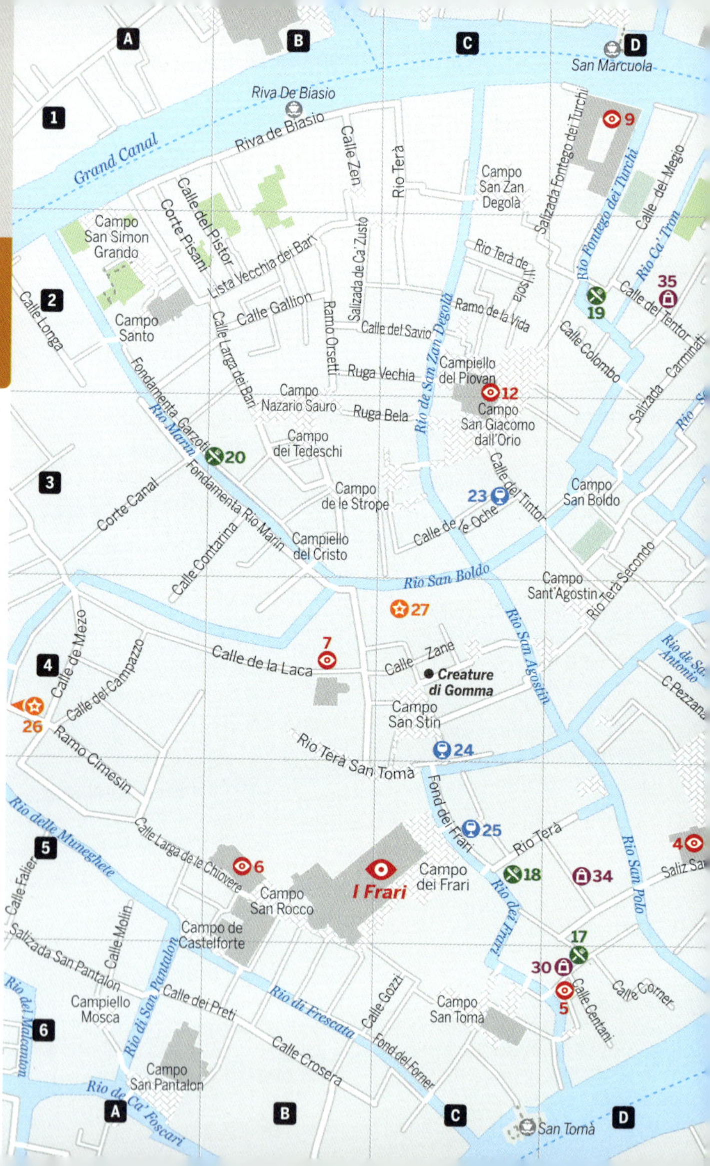
A
B
C
D
1
2
3
4
5
6
San Marcuola
Riva De Biasio
Riva de Biasio
Grand Canal
Calle Zen
Rio Terà
Campo San Zan Degolà
Salizada Fontego dei Turchi
9
Rio Fontego dei Turchi
Calle del Megio
Rio Ca' Tron
Campo San Simon Grando
Calle del Pistor
Corte Pisani
Lista Vecchia dei Bari
Salizada de Ca' Zusto
Rio Terà de l'Isola
Ramo de la Vida
35
19
Calle del Tentor
Calle Colombo
Calle Longa
Campo Santo
Calle Gallion
Calle Larga dei Bari
Ramo Orsetti
Calle del Savio
Rio de San Zan Degolà
Campiello del Piovan
Ruga Vechia
Campo Nazario Sauro
Ruga Bela
12
Campo San Giacomo dall'Orio
Salizada
Carminati
Rio
Fondamenta Garzotti
Rio Marin
20
Campo dei Tedeschi
Campo de le Strope
Calle del Tintor
23
Calle de le Oche
Campo San Boldo
Corte Canal
Fondamenta Rio Marin
Calle Contarina
Campiello del Cristo
Rio San Boldo
Campo Sant'Agostin
Rio Terà Secondo
27
Rio San Agostin
Rio de Sant'Antonio
C. Pezzana
Calle de Mezo
Calle del Campazzo
7
Calle de la Laca
Calle Zane
Creature di Gomma
Campo San Stin
26
Ramo Cimesin
Rio Terà San Tomà
24
Fond. dei Frari
25
Rio Terà
Rio San Polo
4
Saliz. San
Rio delle Muneghete
Calle Larga de le Chiovere
6
I Frari
Campo dei Frari
18
34
Rio dei Frari
Calle Falier
Campo San Rocco
Calle Molin
Campo de Castelforte
17
30
5
Calle Centani
Calle Corner
Salizada San Pantalon
Rio di San Pantalon
Calle dei Preti
Rio di Frescada
Calle Gozzi
Campo San Tomà
Rio del Malcanton
Campiello Mosca
Calle Crosera
Fond. del Forner
Campo San Pantalon
Rio de Ca' Foscari
San Tomà

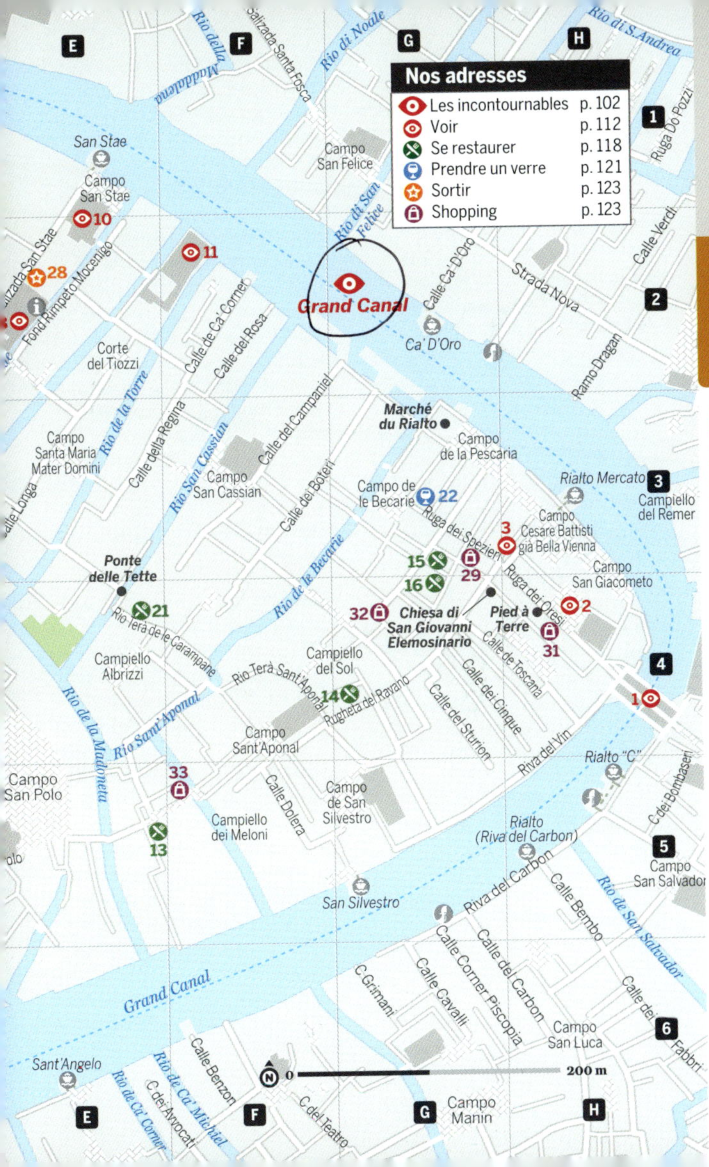
Nos adresses
Les incontournables p. 102
Voir p. 112
Se restaurer p. 118
Prendre un verre p. 121
Sortir p. 123
Shopping p. 123
E
F
G
H
1
2
3
4
5
6
Rio della Maddalena
Salizada Santa Fosca
Rio di Noale
Rio di S. Andrea
Ruga Do Pozzi
San Stae
Campo San Stae
10
11
28
Salizada San Stae
Fond Rimpeto Mocenigo
Campo San Felice
Rio di San Felice
Grand Canal
Calle Ca' D'Oro
Ca' D'Oro
Strada Nova
Calle Verdi
Ramo Dragan
Corte del Tiozzi
Calle de Ca' Corner
Calle del Rosa
Rio de la Torre
Calle della Regina
Calle del Campaniel
Marché du Rialto
Campo de la Pescaria
Campo Santa Maria Mater Domini
Rio San Cassian
Campo San Cassian
Calle dei Boteri
Campo de le Becarie
22
Ruga dei Spezieri
Rialto Mercato
Campiello del Remer
Campo Cesare Battisti già Bella Vienna
3
Calle Longa
Ponte delle Tette
15
16
29
Campo San Giacometo
Rio de le Becarie
Ruga dei Oresi
2
21
32
Chiesa di San Giovanni Elemosinario
Pied à Terre
31
Rio Terà de le Carampane
Campiello Albrizzi
Campiello del Sol
Rio Terà Sant'Aponal
14
Rugheta del Ravano
Calle de Toscana
Calle dei Cinque
Calle del Sturion
1
Rio de la Madoneta
Rio Sant'Aponal
Campo Sant'Aponal
Riva del Vin
Rialto "C"
Campo San Polo
33
Calle Dolera
Campo de San Silvestro
C. dei Bombaseri
13
Campiello dei Meloni
Rialto (Riva del Carbon)
Campo San Salvador
San Silvestro
Riva del Carbon
Calle Bembo
Rio de San Salvador
Calle Corner Piscopia
Calle del Carbon
C. Grimani
Calle Cavalli
Grand Canal
Calle dei Fabbri
Campo San Luca
Sant'Angelo
Rio de Ca' Michiel
Calle Benzon
Rio de Ca' Corner
C. dei Avvocati
0
200 m
C. del Teatro
Campo Manin

Voir

Pont du Rialto

PONT

1 PLAN P. 110, H4

Pendant des siècles, le pont du Rialto resta le seul moyen de traverser à pied le Grand Canal, ici plus étroit. Il fut érigé dans la partie de la ville où se concentrait l'activité économique. Au XIIe siècle, ce n'était qu'un pont de barques ; au siècle suivant, on bâtit une structure en bois qui dut être reconstruite plusieurs fois à cause de l'usure et des incendies. La dernière version du pont en bois, dont la partie centrale était mobile pour permettre le passage des bateaux, est immortalisée dans *Le Miracle de la Croix* de Carpaccio, aujourd'hui conservé à la Gallerie dell'Accademia (p. 74). Au début du XVIe siècle, il fut décidé d'en bâtir un en pierre, mais divers contretemps retardèrent sa réalisation jusqu'à la construction, de 1588 à 1591, du projet d'Antonio da Ponte : une arcade unique de 28 m en pierre d'Istrie, avec deux rangées d'échoppes créant ainsi trois rampes, deux externes et une interne.

Quand la lagune s'embrase

23

En majorité bâtie sur des ossatures en bois, Venise a été ravagée par de nombreux incendies. La basilique Saint-Marc a brûlé plusieurs fois, la première en 976, tout comme le pont du Rialto, jusqu'à ce que le grand brasier de 1514 ne décide les autorités à le rebâtir en pierre. En 1569, ce fut le tour de l'Arsenal, enflammé par une étincelle tombée dans de la poudre à canon. Enfin, sans oublier l'incendie impressionnant de San Marcuola, immortalisé par le peintre Francesco Guardi en 1789, ceux qui ont plus de 30 ans revoient encore les flammes dévorant le théâtre de la Fenice en 1996.

Campo San Giacomo

PLACE

2 PLAN P. 110, H4

Plusieurs fois représentée par Canaletto et d'autres védutistes, cette place regorge de détails intéressants. Elle est toute proche du pont du Rialto, auquel elle est reliée par la **Ruga dei Oresi** (p. 109). Au sud-est se dresse la **Chiesa di San Giacomo di Rialto** (9h-17h lun-sam), aussi appelée "San Giacometto" par les Vénitiens, censée être la plus ancienne de la ville (421). Son porche est assez rare, et son immense horloge fut conçue pour être bien visible par les artisans et les ouvriers. De l'autre côté, sous les arcades, une colonne est assortie de marches sous lesquelles ploie un homme : c'est le **Gobbo**, statue de Pietro da Salò (1541). Sur ce "bossu", en même temps qu'à Saint-Marc (p. 46), le *comandador* annonçait les lois et lisait les sentences ; au fil du temps, les Vénitiens ont exprimé leur verve en y laissant des messages sarcastiques ou provocants. Ce côté sous arcades, appelé **Sotoportego del Banco Giro**, abritait les guichets de ce qui s'apparentait à une banque d'État. En activité de 1524 à 1806, elle accordait des prêts, convertissait les monnaies et permettait d'effectuer des paiements sans coupures, en reportant la somme sur des livres comptables.

Ruga Vecchia San Giovanni

RUE

3 PLAN P. 110, H3

Au bout de la Ruga dei Oresi (p. 109), la Ruga Vecchia San Giovanni, communément appelée **Ruga Rialto**, s'ouvre à gauche. Essentiellement occupée jusqu'au milieu du XXe siècle par des entrepôts, elle se caractérise par ses bâtiments en saillie soutenus par des "barbacani", des poutres de bois ou de pierre qui permettaient de gagner un peu d'espace dans les habitations. La barbacane de la **Calle della Madonna**, en pierre d'Istrie, gravée de l'inscription "per la iuridiciom di barbacani" tenait lieu d'étalon pour la fabrication de ces renforts muraux. Dès le XIe siècle, une église avait été édifiée dans la rue. Mais la **Chiesa di San Giovanni Elemosinario** (plan p. 110, G4 ; ☎041 275 04 62 ; www.chorusvenezia.org ; Ruga Vecchia di San Giovanni, San Polo 480 ; tarif plein/réduit 3/2 € ou Chorus Pass ;

Marché du Rialto, Pescheria Nuova (p. 109)

10h30-13h30 et 14h30-17h lun-sam ; Rialto-Mercato) fut détruite par l'incendie de 1514 qui ravagea une grande partie du quartier de Rialto. Entre 1527 et 1539, sur un projet de Scarpagnino, on réalisa l'église actuelle (Saint-Jean-l'Aumônier), presque invisible de la rue, sauf le campanile, car bien caché par les édifices alentour. À l'intérieur, vous apprécierez sa riche décoration, qui compte des toiles de Titien (retable du maître-autel), de son élève Pordenone (*Sainte Catherine, saint Roch et saint Sébastien*) dans la chapelle des Corrieri (côté droit), et de Palma le Jeune (*Héraclius rapportant la Croix*) côté gauche.

Ponte delle Tette

Des "ponts des Tétons", Venise en compte plus d'un. L'appellation n'est pas un sobriquet grivois, elle émane des autorités soucieuses de décence. En effet, un décret de la République stipula que les prostituées de certains quartiers devaient montrer poitrine nue aux fenêtres pour faire l'article et ne plus descendre dans la rue pour aguicher le client. Cela afin de mettre un terme au racolage sur la voie publique. Les prostituées se montrèrent donc aux fenêtres, et les plus visibles étaient celles qui donnaient sur les ponts. On trouve un **Ponte delle Tette** (plan p. 110, E4) dans le quartier "delle Carampane", terme qui désignait les prostituées d'un certain âge et qui, aujourd'hui, signale l'ancien quartier "chaud" de Venise, dans les ruelles les moins fréquentées du Rialto.

Chiesa di San Polo — ÉGLISE

4 PLAN P. 110, D5

Cette église orpheline de façade (occultée à la fin du XVIe siècle par un portique, fermé et intégré à l'**Oratorio del Crocefisso**) a une beauté tout intérieure. Après une importante restauration au XIXe siècle, de superbes éléments gothiques ont été mis au jour, dont sa **charpente en bois** apparente. Elle abrite une *Cène* du Tintoret. Dans l'oratoire, admirez le théâtral *Chemin de Croix* de Giandomenico Tiepolo, où l'on aperçoit des figures typiques de la Venise du XVIIIe siècle : dames élégantes et Turcs coiffés de turbans. (041 275 04 62 ; www.chorusvenezia.org ; Salizada San Polo, San Polo 2023 ; tarif plein/réduit 3/2 € ou Chorus Pass ; 10h30-13h30 et 14h30-17h lun-sam ; San Tomà)

Casa di Carlo Goldoni — MAISON-MUSÉE

5 PLAN P. 110, D6

La maison natale du dramaturge Carlo Goldoni (1707-1793) abrite aujourd'hui le **Museo Goldoniano**, une collection de documents et d'objets, de photos et de

Scuola Grande di San Rocco

portraits, ainsi que la **Biblioteca di Studi Teatrali** qui conserve plus de 30 000 œuvres théâtrales. L'édifice, un palais du XVe siècle, est superbement élégant : admirez les escaliers de la cour intérieure, en parfait état de conservation. (041 275 93 25 ; carlogoldoni.visitmuve.it ; Calle del Scaleter, San Polo 2794 ; tarif plein/réduit 6/4 € ; 10h-17h jeu-mar avr-oct, 10h-16h jeu-mar nov-mars ; San Tomà)

Chiesa e Scuola Grande di San Rocco

ÉGLISE, SCUOLA

6 PLAN P. 110, B5

Sans rien enlever à la splendeur de leurs façades respectives, que l'on doit à Bartolomeo Bon, à Scarpagnino et aux frères Sante et Giulio Lombardo, l'intérêt majeur de l'église et de la Scuola di San Rocco (encore en activité dans le domaine social, voir encadré p. 151) réside dans les chefs-d'œuvre du Tintoret. L'**église** (2 €) conserve en effet quatre toiles représentant des épisodes de la vie de saint Roch, conçues en 1528. (041 523 48 64 ; www.scuolagrandsanrocco.org ; Campo San Rocco, San Polo 3054 ; tarif plein/réduit 10/8 € ; 9h30-17h30 ; San Tomà)

Scuola Grande San Giovanni Evangelista

SCUOLA

7 PLAN P. 110, B4

Au détour d'une ruelle, vous tomberez sur la magnifique entrée en marbre du siège de la confrérie Saint-Jean-l'Évangéliste réalisée par Pietro Lombardo (1478-1481). Elle clôt l'atrium de la *scuola*, divisant en deux la place qui l'accueille. L'édifice fut conçu par des architectes de renom, tels Longhena, Codussi et Massari et décoré par des chefs-d'œuvre de Tiepolo, du Tintoret, de Palma le Jeune. (☎041 71 81 58 ; www.scuolasangiovanni.it ; Campiello de la Scuola, San Polo 2454 ; tarif plein/réduit/visite guidée 10/8/15 € ; 🕒9h30-13h et 14h-17h30 mar-sam ; ⛴Ferrovia, Piazzale Roma, San Tomà)

Museo di Palazzo Mocenigo

MUSÉE

8 PLAN P. 110, E2

À sa mort (1945), le dernier descendant des Mocenigo, qui avait donné à la République plusieurs doges et commandants, légua son palais, ses archives et son mobilier à la ville pour qu'elle en fasse un musée. Malgré nombre de réaménagements et de restructurations, le musée a toujours gardé son atmosphère de demeure "habitée". Depuis 1985, il accueille le Centre d'étude de l'histoire du tissu, du costume et du parfum, dédié à la mode à Venise au XVIIIe siècle. (☎041 72 17 98 ; mocenigo.visitmuve.it ; Salizada di San Stae, Santa Croce 1992 ; tarif plein/réduit 9/6,50 € ou MUVE Museum Pass ; 🕒10h-17h mar-dim avr-oct, 10h-16h30 mar-dim nov-mars ; ⛴San Stae)

Museo di Storia Naturale

MUSÉE

9 PLAN P. 110, D1

Ayant gardé son caractère du XIXe siècle tout en évoluant avec le temps, le Muséum d'histoire naturelle alterne installations interactives et vitrines à l'ancienne. Vous découvrirez des squelettes de dinosaures, des fossiles et des poissons, et explorerez les fonds de la mer et de la lagune en plongeant virtuellement sous l'eau ; vous serez émerveillé par l'extraordinaire reconstitution d'un cabinet de curiosités du XVIe siècle et vous promènerez parmi les momies et les animaux naturalisés. Parents, gare au gorille ! Il a hanté les rêves de générations d'enfants vénitiens. (☎041 275 02 06 ; msn.visitmuve.it ; Salizada del Fontego dei Turchi, Santa Croce 1730 ; tarif plein/réduit 9/6,50 € ou MUVE Museum Pass ; 🕒10h-18h mar-ven avr-oct, 9h-17h mar-ven et 10h-18h sam-dim nov-mars ; ⛴San Stae)

Chiesa di San Stae

ÉGLISE

10 PLAN P. 110, E2

La place San Stae est une des rares qui donne directement sur le Grand Canal (celle de San Marcuola, non loin, est sur l'autre rive). Sur ses eaux se reflète la façade de cette église baroque mais d'inspiration palladienne, avec des piliers surdimensionnés et des bas-reliefs qui racontent les épisodes de la vie de saint Eustache. L'intérieur abrite plusieurs œuvres du début du XVIIIe siècle, parmi lesquelles le *Martyre de saint Barthélemy* de Giambattista Tiepolo (1722) sur le mur droit, le *Saint Jacques conduit au martyre* de Giambattista Piazzetta (1717) à gauche, et les peintures du plafond, signées Sebastiano Ricci (1708). À gauche de l'église, on remarquera l'élégante façade (1711) de la Scoletta dell'Arte dei Tiraoro e Battioro. (☎041 275 04 62 ; www.chorusvenezia.org ; Campo San Stae, Santa Croce ; tarif plein/réduit 3/2 € ou Chorus Pass ; 🕒14h30-17h mer et jeu ; ⛴San Stae)

Ca' Pesaro

MUSÉES

11 👁 PLAN P. 110, F2

Dans cette demeure, la **Galleria Internazionale d'Arte Moderna** offre, en 10 salles, un voyage pictural de 1800 à nos jours : Rodin, Klimt, Medardo Rosso, Wildt, Klee, Kandinsky, Picasso, Balla, Sironi, De Pisis, Moore, De Chirico, etc. Au 3e étage, le **Museo d'Arte Orientale** présente de remarquables objets japonais de l'époque d'Edo, des porcelaines et jades de Chine, ainsi que des armes, des étoffes et des figurines du théâtre d'ombres indonésien. Le tout dans un palais baroque grandiose, dont on apprécie pleinement la façade ornée de statues depuis le Grand Canal. (☎041 72 11 27 ; capesaro.visitmuve.it ;

Chiesa di San Stae

VOLKOVA NATALIA/SHUTTERSTOCK ©

Figurines pour petits et grands

Creature di Gomma (plan p. 110, C4 ; 347 428 76 21/328 463 31 13 ; www.creaturedigomma.com ; San Polo 2390/a ; entrée 5 € ; 10h30-19h) est un petit musée unique, une véritable pépite dans la lagune. Avec sa collection de 6 000 figurines vintage, présentée dans plusieurs salles à deux pas du Museo di Storia Naturale (p. 116), il semble avoir été conçu spécialement pour les familles et les nostalgiques. Et il y a fort à parier que les grands seront encore plus excités que les petits.

Fondamenta di Ca' Pesaro, Santa Croce 2070 ; tarif plein/réduit 11/8,50 € ou MUVE Museum Pass ; 10h-18h mar-dim avr-oct, 10h-17h nov-mars ; San Stae)

Chiesa di San Giacomo dall'Orio

ÉGLISE

12 PLAN P. 110, C2

Cette église, fondée au IXe siècle, porte les marques de nombreuses restructurations. Elle conserve des objets anciens, comme une colonne en marbre vert, rapportée de Constantinople à la quatrième croisade ou vestige d'une construction préexistante. Vous pourrez aussi y admirer un plafond de bois en forme de carène renversée et plusieurs œuvres d'art majeures, dont deux retables : *Saint Laurent entre saint Julien et saint Prosper* (1573) de Veronèse, dans la Sagrestia Nuova, et une œuvre de Lorenzo Lotto, *Vierge à l'Enfant entre les saints André, Jacques, Côme et Damien* (1546), sur l'autel du Presbiterio. (041 275 04 62 ; www.chorusvenezia.org ; Campo San Giacomo dall'Orio, Santa Croce 1587 ; tarif plein/réduit 3/2 € ou Chorus Pass ; 10h30-13h30 et 14h30-17h lun-sam ; Riva de Biasio)

Se restaurer

Rizzardini

BAR-PÂTISSERIE €

13 PLAN P. 110, E5

Cet établissement ouvert depuis 1742 fait la fierté et les délices des Vénitiens. On a l'embarras du choix en matière de pâtisseries fraîches, ou de biscuits à glisser dans sa valise. (041 522 38 35 ; Campiello dei Meloni, San Polo 1415 ; 7h30-20h mer-lun ; San Silvestro)

Targa

BAR-PÂTISSERIE €

14 PLAN P. 110, G4

Cette pâtisserie incontournable ruine toute tentative de régime. Pendant le carnaval, essayez ses *mammalucchi*, l'un des desserts les moins connus de la tradition carnavalesque vénitienne. Il s'agit d'une crème frite, puis repassée à la poêle comme une omelette,

Toponymie venitienne

La nomenclature des rues de Venise est assez unique en Italie. Les appellations *calle*, *calletta* et *callesella*, parfois accompagnées de l'adjectif *lunga* (longue) ou *larga* (large), se réfèrent clairement à leur taille. La *salizada* est initialement une voie pavée, donc plus importante. La *merceria* a pour sa part une vocation commerciale, tandis que la *ruga* (du français "rue"), variante de la *calle lunga*, remonte aux premiers temps de Venise. En matière de places, le *campo* (place) comporte une église, contrairement au *campiello*. Quant à la *corte*, il s'agit d'un *campiello* où l'on entre et sort par le même passage. Compromis entre la place et la rue, le *borgoloco* peut s'entendre comme une sorte de vaste cour allongée.

Quant aux dénominations de ces artères inscrites sur les *nizioleti* (littéralement "petits draps"), ces plaques de rue en forme de grands rectangles blancs, elles racontent l'histoire de Venise. Les *nizioleti* renvoient souvent à des noms de paroisses (Campo San Polo, par exemple), des activités (Campo della Pescaria, "place de la Pêche", ou Calle dei Fabbri, "rue des Forgerons"), des communautés d'habitants (Calle degli Albanesi, "rue des Albanais", ou Fondamenta delle Convertite, "voie des Converties") ou des faits divers (Fondamenta del Malcanton, "voie du Mauvais Coin", et Calle Pugnalin, "rue du Poignard"). D'autres enfin désignent des fonctions urbaines spécifiques, à l'image du Ponte delle Tette (p. 114) et du Ponte dei Pugni (p. 88). Dans certains cas, leur origine demeure incertaine. On ignore par exemple si la Fondamenta Ca' Balà, à Dorsoduro, s'appelle ainsi à cause du palais d'une certaine famille Balà ou d'un quelconque rapport avec la kabbale.

et recouverte de sucre. Il y a un peu d'attente, en saison, mais cela vaut la peine. (041 523 60 48 ; Ruga Vecchia San Giovanni, San Polo 1050 ; 7h30-20h mer-lun ; San Silvestro)

Cantina Do Mori — BACARO €

15 PLAN P. 110, G3

Comme en témoignent l'affichage, la décoration, la faible luminosité et les habitués, c'est une des plus anciennes tavernes du Rialto, si chère aux Vénitiens qu'ils ne peuvent s'empêcher de s'y arrêter pour boire une *ombra* (3 €) après le marché. Évidemment, son côté pittoresque en fait une étape obligée des touristes en voyages organisés, mais ils ne s'attardent guère ; s'il y a trop de monde, revenez plus tard pour déguster un *francobollo* (petit *tramezzino*, 1 €) ou un *cicheto* (bouchée vénitienne, 2 €) de polenta et morue. Pas de spritz ici ! (041 522 54 01 ; Calle dei Do Mori, San Polo 429 ; 8h-19h30 lun-ven, 8h-17h sam ; Rialto Mercato)

All'Arco

BACARO €

16 PLAN P. 110, G4

Avec le Do Mori (p. 119), ce lieu se dispute le titre de *bacaro* officiel du Rialto. *Cicheti* inventifs, à partir de 2 €, toujours délicieux, et sandwichs préparés à la demande. Excellent choix de vins et ambiance chaleureuse où les Vénitiens se mêlent aux touristes, les supplantant en volume sonore. (041 520 56 66 ; Calle dei Do Mori, San Polo 436 ; 8h-14h30 lun-sam, l'été ouverture le mer, jeu et ven soir ; Rialto Mercato)

Ai Nomboli

BACARO €

17 PLAN P. 110, D6

Les sandwichs et les *tramezzini* inspirés de la mer ou des terres, et composés avec des ingrédients frais sont listés sur des panneaux de bois suspendus à l'intérieur. Si ça ne vous suffit pas, demandez à Mirella la carte, qui propose des soupes, des salades et des plats. (041 523 09 95 ; Rio Terà dei Nomboli, San Polo 2717/C ; 7h-21h lun-ven, 7h-16h sam ; San Tomà)

Muro Frari

RESTAURANT, PIZZERIA €€

18 PLAN P. 110, C5

Une adresse qui conjugue qualité, prix maîtrisés, un soupçon de recherche et une simplicité de bon aloi. Au menu : pizza, pâtes, plats et belle carte des vins pour un déjeuner informel ou un dîner sympathique. (041 524 53 10 ; Rio Terà Cazza, San Polo 2604 ; www.murovenezia.com ; repas 30-40 € ; 12h-15h30 et 18h-22h30 lun-jeu, 12h-22h30 ven-dim avr à mi-nov, 12h-15h30 et 18h-22h30 lun-ven, 12h-22h30 sam-dim mi-nov à mars ; San Tomà)

La Zucca

OSTERIA €€

19 PLAN P. 110, D2

Cette "Citrouille" séduira les végétariens, mais que les autres ne l'ignorent pas ! Ici, les légumes ne sont juste plus relégués au rang de simple accompagnement. Ambiance intime et chaleureuse, dans un coin de Venise évoquant un décor de théâtre. Le tout à prix très abordables. Carte des vins soignée. Réservez. (041 524 15 70 ; www.lazucca.it ; Ponte del Megio, Santa Croce 1762 ; repas 30 € ; 12h30-14h30 et 19h-22h30 lun-sam ; Riva de Biasio, San Stae)

Trefanti

RESTAURANT €€€

20 PLAN P. 110, B3

Ce restaurant tire son nom de la *scopa*, un jeu de cartes très populaire en Italie où le valet

Le *tramezzino* vénitien

(*fante*) vaut 8. L'établissement étant au n°888... Il faut surtout retenir que la cuisine y est savoureuse, autour de classiques revisités avec finesse. Mention particulière pour les pâtes, notamment les gnocchis et les *ravioloni di pesce* (gros raviolis au poisson). Carte des vins intéressante, y compris en bio. (041 520 17 89 ; Fondamenta dei Garzoti, Santa Croce 888 ; repas 50 € ; 12h-14h30 et 19h-22h30 mar-dim ; Riva de Biasio)

Antiche Carampane

TRATTORIA **€€€**

21 PLAN P. 110, E4

Une institution centenaire restée fidèle à sa cuisine vénitienne à base de légumes (issus des potagers de la lagune) et de produits de la pêche : spaghettis à la *cassopìpa* (sauce aux fruits de mer), baudroie en papillote et croûte de parmesan, friture de la mer et poissons ultrafrais achetés au Rialto. Pour finir, mousse aux fruits de saison ou glace au gianduja. (041 524 01 65 ; www.antichecarampane.com ; Rio Terà delle Carampane, San Polo 1911 ; repas 60 € ; 12h45-14h et 19h30-22h30 mar-sam ; San Silvestro)

Prendre un verre

Pescaria

BACARO

22 PLAN P. 110, G3

Sa gestion change régulièrement, mais ce petit bar dans un coin du Campo de le Becarie reste une institution. Le matin, les gens s'y arrêtent après les courses ou pour lire le journal ; le soir, à l'apéritif, sa clientèle déborde sur la place et dans la ruelle. (349 647 08 31, 347 344 11 56 ; Campo de le Becarie, San Polo 317 ; 6h-2h tlj mai-oct, 6h-2h mar-dim nov-avr ; Rialto Mercato)

Osteria da Filo – Alla Poppa

OSTERIA

23 PLAN P. 110, C3

Les Vénitiens y viennent surtout après dîner pour prendre un verre dans une ambiance chaleureuse et informelle. On consomme à l'intérieur, à table ou sur les canapés de récup, ou bien dehors, dans la rue… en se gardant de faire du tapage. (041 524 65 54 ; Calle de le Oche, Santa Croce 1539 ; 17h-23h lun-ven, 11h-23h sam-dim ; Riva de Biasio, San Tomà)

La Bottiglia

BAR À VINS

24 PLAN P. 110, C4

Le vin n'est pas le seul atout de "La Bouteille", bar proche de l'église des Frari. Pain, jambon San Daniele, speck artisanal, fromages et légumes, vous aurez l'embarras du choix pour composer votre sandwich. (340 076 52 12 ; Campo San Stin, San Polo 2537 ; 10h30-22h ; San Tomà)

Campo dei Frari, du côté du Mercante

Caffè dei Frari – Il Mercante BAR À COCKTAILS

25 PLAN P. 110, C5

Un lieu historique, et l'un des plus courus depuis qu'il a changé de propriétaire. Cocktails au-dessus de la moyenne, mais les quotas d'entrée pour cause de petite jauge sont un peu pénibles. Vous pourrez toujours admirer la façade de l'église des Frari pour patienter. En journée, c'est un simple café. (347 829 32 58 ; www.ilmercantevenezia.com ; Fondamenta dei Frari, San Polo 2564 ; café 9h-17h tlj toute l'année, Il Mercante 18h-1h mar-jeu et dim, 18h-2h ven-sam sept-mai, 19h-2h mar-sam juin-août ; San Tomà)

Sortir

Awai CENTRE CULTUREL

26 PLAN P. 110, A4

Théâtre, concerts, performances et cours donnés par des artistes, qui, l'été, se déroulent dans le beau jardin qu'Awai a sauvé de l'abandon. (www.facebook.com/associazioneculturaleawai ; Calle dei Amai ; Santa Croce 201/A ; 17h-23h ; Piazzale Roma)

Palazzetto Bru Zane MUSIQUE CLASSIQUE

27 PLAN P. 110, C4

Une envie de musique française ? Installez-vous entre les stucs d'Abbondio Stazio (1663-1757), dans l'un des 99 fauteuils placés sous le plafond orné de fresques de Sebastiano Ricci. Visite guidée gratuite en français à 15h le jeudi. Le programme prévoit aussi de nombreux concerts à la **Scuola Grande San Giovanni Evangelista** (p. 115). (Centre de musique romantique française ; 041 521 10 05 ; www.bru-zane.com/fr/ ; San Polo 2368 ; tarif plein/réduit 15/5 € ; billetterie 14h30-17h30 lun-ven ; San Tomà)

Casa del Cinema CINÉMA

28 PLAN P. 110, E2

Ces archives cinématographiques projettent des films d'auteur dans la salle de 50 places au plafond à poutres apparentes. (041 524 13 20 ; www.comune.venezia.it/luoghi-eventi/la-casa-cinema ; Salizada San Stae, Santa Croce 1990 ; adhésion annuelle tarif plein/réduit 35/25 € ; séances l'après-midi lun-ven oct-mai ; San Stae)

Shopping

Mascari ÉPICERIE

29 PLAN P. 110, G3

Jadis des paniers débordants d'épices aux senteurs d'Orient occupaient la ruelle, qui a fini par s'appeler Ruga dei Spezieri, "ruelle des épiciers". À présent, tout est à l'intérieur, mais la fascination et les parfums sont toujours là. Les Vénitiens viennent y faire leurs emplettes au moment des fêtes, ou réassortir leur palette d'épices pour se lancer dans des recettes sophistiquées. (041 522 97 62 ; www.imascari.com ; Ruga dei Spezieri, San Polo 381 ; 8h-13h et 16h-19h lun-sam ; Rialto Mercato)

Franco Furlanetto

RAMES ET TOLETS

30 PLAN P. 110, D6

Franco crée de magnifiques tolets (*forcole*) pour gondoles en noyer, cerisier et poirier massif. Il construit aussi des rames en hêtre. (041 520 95 44 ; www.ffurlanetto.com ; San Polo 2768/B ; 9h-19h lun, mer et ven et 9h-17h30 mar, jeu et sam ; San Tomà)

Les épices de Mascari (p. 123)

PIERO PASINI/EDT ©

Attombri

BIJOUTERIE

31 PLAN P. 110, H4

Sous les anciennes arcades des orfèvres, le design contemporain de ces bijoux réalisés avec des perles de Murano des années 1920-1930 ne détonne en rien. (041 521 25 24 ; www.attombri.com ; Sottoportico dei Oresi, San Polo 65 ; 10h-13h et 14h30-19h lun-sam ; Rialto Mercato)

Style Shoes

SACS

32 PLAN P. 110, G4

Monica Bravin a des doigts de fée. Ses sacs sont tous des pièces uniques, et même quand ils semblent identiques, il y a toujours un détail, dans les anses, les ornements ou les doublures, qui diffère. (041 71 34 35 ; Ruga Rialto, San Polo 409 ; 10h-12h30 et 15h-19h lun-sam ; Rialto Mercato)

Il Pavone di Paolo Pelosin

PAPETERIE ARTISANALE

33 PLAN. P. 110, F5

Atelier de papeterie proposant cahiers (à partir de 7 €), crayons, kaléidoscopes, trousses, boîtes magiques avec tiroirs à escamotage... Le lieu idéal pour acheter un carnet de voyage. (041 522 42 96 ; Campiello dei Meloni, San Polo 1478 ; 10h45-19h jeu-mar ; San Silvestro)

Chaussures de gondoliers

La semelle imperméable et résistante est fabriquée avec des pneus de vélo, la garniture avec la toile de jute de vieux sacs et l'empeigne avec du tissu et des chiffons (aujourd'hui, aussi en velours et soie brodée) : voilà les *papusse*, que les paysannes du Frioul commencèrent à fabriquer chez elles à la fin de la Seconde Guerre mondiale. Confortables et surtout économiques, car faites à base de matériaux recyclés (à la différence des coûteuses chaussures en cuir), elles étaient ensuite vendues en porte-à-porte. Elles rencontrèrent un grand succès à Venise, notamment auprès des gondoliers, car elles ne rayaient pas la peinture de leurs bateaux. Ainsi la mairie accorda-t-elle à un Frioulan un étal au pied du pont du Rialto. C'est précisément là que l'on achète ces chaussures aujourd'hui encore, en 12 modèles, du 18 au 47, dans la boutique **Pied à Terre** (plan p. 110, H4 ; 041 041 850 65 74 ; www.piedaterre-venice.com ; San Polo 60, sous les arcades du Rialto ; à partir de 75 € ; 10h-13h30 et 14h30-19h30 lun-sam, 10h30-18h30 dim ; Rialto Mercato).

Les Vénitiens sont aussi très attachés à une autre boutique, celle de **Gianni "Papussa" Dittura** (p. 71).

Gilberto Penzo

MODÈLES RÉDUITS

34 PLAN P. 110, D5

L'homme connaît si bien les bateaux traditionnels (et pas seulement) de la lagune qu'il crée des kits permettant à chacun d'en construire un en modèle réduit et de le faire voguer. Vous pouvez aussi acheter des bateaux déjà montés, ou d'autres objets liés à la tradition marine vénitienne et adriatique, comme les ex-voto. (041 524 61 39/71 93 72 ; www.veniceboats.com ; Calle Seconda dei Saoneri, San Polo 2681 ; 9h-12h30 et 15h-18h lun-sam ; San Tomà)

Sartoria dei Dogi

CHÂLES

35 PLAN P. 110, D2

Au XVIIIe siècle, les Vénitiennes usaient de leur éventail comme d'instrument de séduction. Au XIXe siècle, c'était leur châle qui, épousant leurs épaules, devenait un appât fatal, pour peu qu'il volette au moment propice ou qu'une frange s'accroche à un bouton de l'homme désiré, l'empêchant de partir. De là l'expression *tacar botòn* (littéralement "attacher le bouton", c'est-à-dire "tenir la jambe"). (041 71 38 38 ; www.sartoriadeidogi.it ; Calle del Tentor, Santa Croce 1840-1842 ; 9h-19h lun-sam ; San Stae)

Explorer Cannaregio

C'est le deuxième plus grand quartier de Venise, après Castello, et le plus peuplé. Périphérique mais plein de vitalité, il a la particularité de présenter plusieurs canaux en ligne droite. Il abrite en outre le Ghetto, un ensemble unique d'édifices assez hauts où se cachent quelques synagogues. Ses églises splendides et ses recoins inattendus, riches de réminiscences orientales et de traces du cosmopolitisme historique de Venise, font de Cannaregio un lieu très évocateur, où l'on peut se promener à l'infini en s'arrêtant pour déguster des pâtisseries juives ou des vins de Vénétie. Il tire son nom du canal Regio, jadis emprunté par les cortèges du doge.

Notre sélection

- ***Le Ghetto (p. 128)***. *Un voyage dans la Venise juive.*
- ***Canal de Cannaregio (p. 139)***. *Promenez-vous sur ses rives pour une immersion dans la ville.*
- ***Fondamenta de la Misericordia (p. 142)***. *La movida à la vénitienne.*

Comment y aller

Vaporetto Cannaregio bénéficie d'une bonne desserte. Les lignes n^{os}1, 2 et N couvrent les arrêts du Grand Canal ; les lignes n^{os}4.1, 4.2, 5.1 et 5.2 parcourent le Canale di Cannaregio et le canal des Fondamente Nove, d'où l'on peut rejoindre Murano et Burano.

Plan du quartier p. 134

La loggia de la Ca' d'Oro sur le Grand Canal

Les incontournables

Plonger dans la culture juive au Ghetto

Le nom de "ghetto" remonterait au mot vénitien "getto", qui désignait les fonderies installées dans le quartier à l'époque médiévale. Si cette étymologie reste contestée, on sait en revanche avec certitude que le gouvernement de la Sérénissime établit ici, en 1516, le premier ghetto de l'histoire, où furent confinés les Juifs vénitiens.

PLAN P. 134 C2

Pour rejoindre le Ghetto par le Grand Canal, descendez à l'arrêt San Marcuola (lignes ACTV 1 et 2). Par le Canale di Cannaregio, débarquez à Guglie (lignes 4.1, 4.2, 5.1 et 5.2).

Le nouveau Ghetto est le plus ancien

L'accès principal au Ghetto se fait par le pont qui le relie à la **Fondamenta dei Ormesini** (plan p. 134, D2) et qui mène au Campo del Ghetto Novo… qui pourtant est le ghetto primitif. En effet, les appellations *vecchio* (ancien) et *nuovo* (nouveau) ne font pas référence à la chronologie. Les Juifs furent tout d'abord confinés dans le Ghetto Nuovo, là où au XIVe siècle une nouvelle fonderie (*nuovo getto*) avait été installée et qui devint par la suite le premier noyau de "l'enclos des juifs" (*recinto degli ebrei*), en conservant son toponyme. Lorsque l'espace vint à manquer, il fallut occuper également le secteur de l'ancienne fonderie, ou Campo del Ghetto Vecchio.

Toujours plus haut

Ironie du sort, ce paisible quartier du Ghetto doit son charme indiscutable à son sombre passé. Les ruelles et les ponts qui mènent à sa vaste place principale, le Campo del Ghetto Novo, bordé de commerces, étaient jadis fermés par des grilles et surveillés par des gardes, les Juifs ayant interdiction d'entrer ou de sortir de leur périmètre assigné entre le coucher et le lever du soleil.

La communauté grandissante – notamment lorsque les Juifs fuyant les persécutions de l'Inquisition, affluèrent à Venise à partir de la fin du XVe siècle – fut contrainte de construire de nouveaux logements dans les limites que leur imposait l'administration vénitienne. Faute d'espace, des étages furent ajoutés aux immeubles existants du Ghetto, où l'on logea les nouveaux arrivants et l'on aménagea des synagogues. Voilà pourquoi les pittoresques maisons du Ghetto comptent parmi les plus élevées de Venise.

Contrairement à la plupart des autres villes européennes, Venise accordait aux Juifs le droit d'exercer certaines professions, dans les domaines de la médecine, du commerce,

★ À savoir

- Consultez le site www.jvenice.org pour parfaire vos connaissances sur la Venise juive.
- Pour des objets d'art hébraïque, rendez-vous chez **Eredi Fusetti Diego** (p. 145).
- La visite de l'**Antico Cimitero Ebraico** (p. 191), au Lido, complète celle du musée.
- Couvre-chef apprécié pour les hommes dans les synagogues.

✕ Une petite pause ?

Le **Panificio Volpe** (☎ 041 71 51 78 ; Calle Ghetto Vecchio 1143 ; it-it.facebook.com/) fabrique depuis 1954 les pâtisseries de la Pâque juive (sans levure), telles que les *impade*, longs biscuits fourrés aux amandes. Vous pourrez goûter la cuisine casher de Venise chez **Gam Gam** (☎ 366 250 45 05 ; www.gamgamkosher.com ; Ghetto Vecchio 1122 ; repas 40 € ; ⏲ 12h-22h dim-jeu, 12h-deux heures avant le shabbat ven, une heure après le shabbat-23h sam en hiver ; ✎ ; ⛴ Guglie)

de la banque, de la confection et de l'imprimerie.

Avant d'entrer dans le Museo Ebraico regardez au nord-ouest. Là, se trouve le mur d'enceinte de la Casa Israelitica di Riposo, où est incrustée une épitaphe à la mémoire de Giuseppe Jona, médecin et philanthrope, président de la communauté juive du Ghetto, qui choisit de se suicider en 1943 pour ne pas avoir à remettre aux autorités nazies la liste des Juifs encore présents. La même année, la majorité des 1 670 Juifs vénitiens furent raflés et envoyés en camp de concentration. Seuls 37 en revinrent. Un mémorial composé de bas-reliefs et portant le nom et l'âge des victimes de la Shoah couvre deux murs face au Campo del Ghetto Nuovo.

La Scuola Spagnola

LOIS GOBE/SHUTTERSTOCK ©

Le Museo Ebraico

Le **Museo Ebraico** (041 71 53 59 ; www.museoebraico.it ; Campo del Ghetto Novo 2902/B ; fermé lors de la rédaction du guide, mais la synagogue Levantina restait ouverte ; Guglie, San Marcuola), fondé en 1954 à l'angle sud du Campo del Ghetto, entre la Scola Tedesca et la Scola Canton, rassemble une collection d'objets illustrant les fêtes et la liturgie hébraïques, ainsi que l'histoire des Juifs vénitiens.

Les synagogues

En arrivant par le nord sur le Campo del Ghetto Nuovo, levez les yeux vers le bâtiment coiffé du dôme en bois de la **Scuola Italiana** (synagogue italienne). Parmi les différentes nationalités du Ghetto, les Italiens étaient les plus pauvres. Leur synagogue est ornée de belles boiseries sculptées. Reconnaissable à ses cinq hautes fenêtres, la **Scuola Tedesca** (synagogue allemande) est celle de la communauté ashkénaze de Venise depuis 1528. En vertu d'une loi vénitienne du XVIe siècle, seuls les Juifs allemands pouvaient pratiquer le métier d'usurier. La décoration intérieure de la synagogue témoigne de la prospérité de ce commerce. À l'angle de la place, derrière l'entrée du Museo Ebraico, on aperçoit le dôme en bois de la **Scuola Canton** (synagogue du coin), bâtie vers 1531 et dissimulant un décor rococo et des ors ajoutés au XVIIIe siècle. Cet édifice est orné de huit paysages inspirés de paraboles

Allemands, Turcs, Arméniens, Grecs

Outre les Juifs, Venise a accueilli au cours de son histoire plusieurs autres communautés, qui ont joué le rôle d'intermédiaires commerciaux ou de partenaires économiques. Leurs ressortissants y gagnèrent le droit de résider dans la ville, qui leur reconnut une certaine forme de liberté de culte. Allemands (*Tedeschi*, le terme désignait aussi les habitants d'Europe centrale) et Turcs, interlocuteurs de première importance de la Sérénissime, avaient leurs propres *fondaci* (comptoirs, pp. 22 et 103) sur le Grand Canal, où ils pouvaient accoster, séjourner, stocker des marchandises, créer une communauté. Les Arméniens et les Grecs entretenaient qui plus est des relations culturelles avec Venise, où ils sont toujours présents. La ville attribua aux premiers une zone urbaine et une île de la lagune (p. 199) ; les seconds reçurent un petit quartier (p. 160) toujours fondamental sur le plan religieux. La toponymie évoque partout ces communautés du Stato da Mar, comme celles des Albanais et des Dalmates. Les Suisses avaient également la leur, peu connue. La présence d'Africains était habituelle, comme en témoignent certains tableaux de Carpaccio.

bibliques, dérogeant en cela à la règle des autres synagogues européennes selon laquelle les représentations figuratives n'y ont pas leur place. Les Juifs séfarades venus d'Espagne et du Portugal construisirent deux synagogues de l'autre côté du pont, sur le Campo del Ghetto Vecchio. Considérées comme les plus belles du nord de l'Italie, elles furent rénovées au XVIIe siècle. La **Scuola Spagnola** (synagogue espagnole), fondée vers 1580, témoigne de l'intégration du style vénitien. Remarquez les fenêtres voûtées classiques, la répétition de détails géométriques, ainsi que le marbre et les boiseries qui donnent un style baroque à l'intérieur. La **Scuola Levantina** (synagogue du Levant ; tarif plein/réduit 10/8 €, billetterie au musée ; visites guidées 10h30, 11h30, 12h30, 14h30, 15h30, 16h30), datant de 1541, renferme une splendide chaire en bois sculpté du XVIIe siècle. Elle est la seule qui se visite, les autres ne sont ouvertes au public que selon un roulement dont il faut prendre connaissance sur le site du musée. Les guides très pointus vous raconteront aussi l'histoire de la communauté et de son quartier.

Promenade à pied

La plus longue rue de Venise

Au XIXe siècle, Venise se transforme. La ville qui vivait et se déplaçait essentiellement sur l'eau migre davantage sur la terre ferme. Le pont ferroviaire qui traverse la lagune (1846) puis le pont routier (1933), connu comme Ponte della Libertà, la relie au reste de la presqu'île. Parmi les nombreux ouvrages de voirie qui transformèrent Venise au XIXe siècle, la rue qui relie la gare au centre est sans conteste la plus imposante.

La promenade

Départ Campo Santi Apostoli

Arrivée Piazzale Roma

Distance 2 km

Durée 25 min

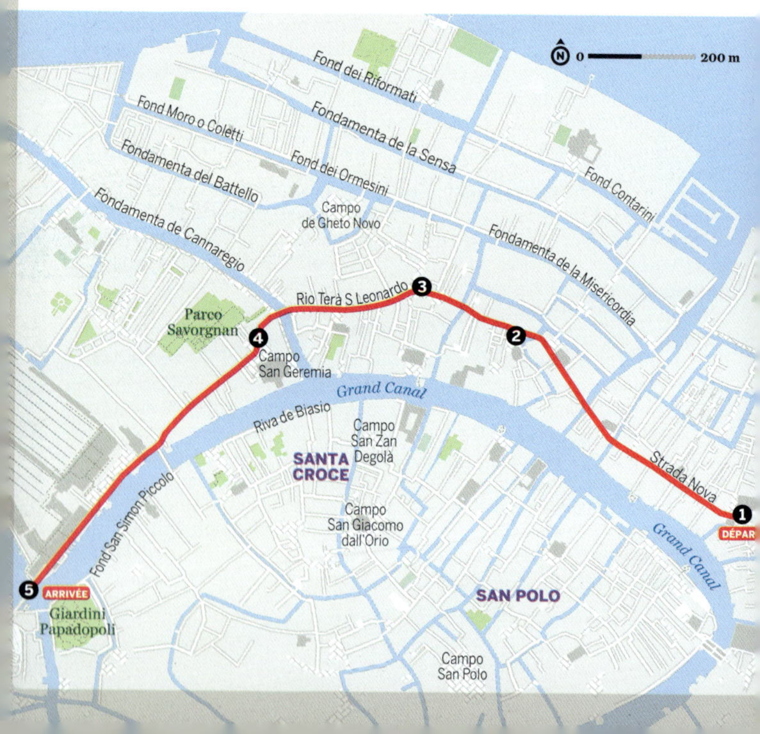

❶ Strada Nova

Inaugurée en 1871, la Strada Nova ("rue Neuve", officiellement Via Vittorio Emanuele II) fait partie du très central **Campo Santi Apostoli** et éventre littéralement le *sestiere* de Cannaregio, jadis composé d'un lacis de venelles. Si la **Chiesa di Santa Sofia**, à hauteur de la place éponyme, ne possède pas de véritable façade côté rue, c'est justement parce que cette dernière a été percée après. Plus loin se dresse la façade rose de la Chiesa di San Felice et, au-delà du pont suivant, le *nizioleto* (voir encadré p. 119) indiquant à nouveau le vrai nom de l'artère. Encore quelques pas et l'on arrive au **Campo Santa Fosca** où trône la statue de Paolo Sarpi, œuvre d'Emilio Marsili (1892).

❷ Rio Terà de la Maddalena

La rue qui se dirige vers la gare suit le tracé de plusieurs canaux enfouis (*rio Terà*, au singulier). Le premier a été baptisé d'après la **Chiesa della Maddalena**, fondée au XIIIe siècle mais rebâtie au XVIIIe siècle, qui s'élève immédiatement sur la gauche. Sa structure circulaire (insolite à Venise) de style néoclassique, avec une entrée flanquée de colonnes et précédée de marches, rappelle un peu le Panthéon de Rome, tandis que le symbole sur le linteau de la porte (un œil dans un cercle et un triangle) indique l'appartenance du maître d'œuvre à la franc-maçonnerie.

❸ Rio Terà San Leonardo

Après le petit Ponte dell'Anconeta, un goulet d'étranglement toujours surpeuplé, vous remarquerez à droite le **Teatro Italia**, converti en supermarché, dont le splendide intérieur mérite le coup d'œil. Le *rio* s'achève au Canale di Cannaregio, traversé par le **Ponte delle Guglie**, construit en 1823 à la place d'un modeste pont en bois du XIIIe siècle.

❹ Rio Terà Lista di Spagna

Délimitée au sol par une bande (*lista*) en pierre d'Istrie, cette voie abritait autrefois la résidence des ambassadeurs d'Espagne, d'où son nom. Elle débute au **Campo San Geremia**, dont l'église éponyme conserve la dépouille de sainte Lucie et sur lequel se déroulait au XVIIIe siècle la *caccia ai tori*, un genre de corrida.

❺ Ponte della Costituzione

Dernier grand édifice public réalisé à Venise, ce pont conçu par l'architecte espagnol Santiago Calatrava (2008) relie la gare ferroviaire à la gare routière et au Piazzale Roma.

Une petite pause ?

Luca e Fred (041 71 61 70 ; Rio Terà San Leonardo 1518 ; www.dalucaefred.com ; 10h-21h mer-lun) et l'**Enoteca Do Colonne** (041 524 04 53 ; www.docolonne.it ; Rio Terà del Cristo 1814/C ; 10h-21h30).

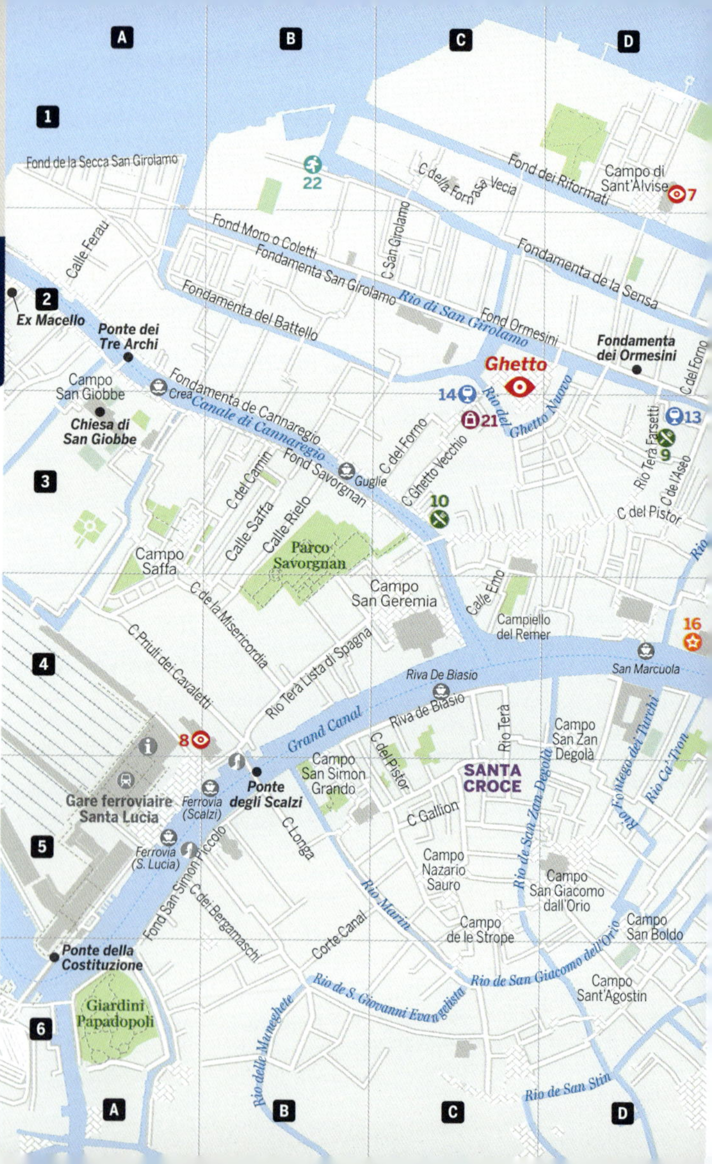
A
B
C
D
1
2
3
4
5
6
Fond de la Secca San Girolamo
22
C della Fornasa Vecia
Fond dei Riformati
Campo di Sant'Alvise
7
Fond Moro o Coletti
Fondamenta San Girolamo
C San Girolamo
Fondamenta de la Sensa
Calle Ferau
Fondamenta del Battello
Rio di San Girolamo
Fond Ormesini
Ex Macello
Ponte dei Tre Archi
Fondamenta dei Ormesini
C del Forno
Ghetto
Campo San Giobbe
Crea
Fondamenta de Cannaregio
Canale di Cannaregio
14
Rio del Ghetto Nuovo
21
13
Chiesa di San Giobbe
C del Forno
C Ghetto Vecchio
Rio Terà Farsetti
9
Fond Savorgnan
Guglie
C de l'Aseo
C del Camin
10
C del Pistor
Calle Saffa
Calle Rielo
Parco Savorgnan
Rio
Campo Saffa
Campo San Geremia
Calle Emo
C de la Misericordia
Campiello del Remer
16
C Priuli dei Cavaletti
Rio Terà Lista di Spagna
San Marcuola
Riva De Biasio
Riva de Biasio
Rio Terà
Grand Canal
Campo San Zan Degolà
8
Campo San Simon Grando
C del Pistor
Rio Fontego dei Turchi
SANTA CROCE
Rio Ca' Tron
Ponte degli Scalzi
Gare ferroviaire Santa Lucia
Ferrovia (Scalzi)
C Gallion
Rio de San Zan Degolà
C Longa
Ferrovia (S. Lucia)
Fond San Simon Piccolo
Campo Nazario Sauro
C dei Bergamaschi
Rio Marin
Campo San Giacomo dall'Orio
Corte Canal
Campo de le Strope
Campo San Boldo
Ponte della Costituzione
Rio de San Giacomo dell'Orio
Rio de S. Giovanni Evangelista
Campo Sant'Agostin
Giardini Papadopoli
Rio delle Maneghete
Rio de San Stin

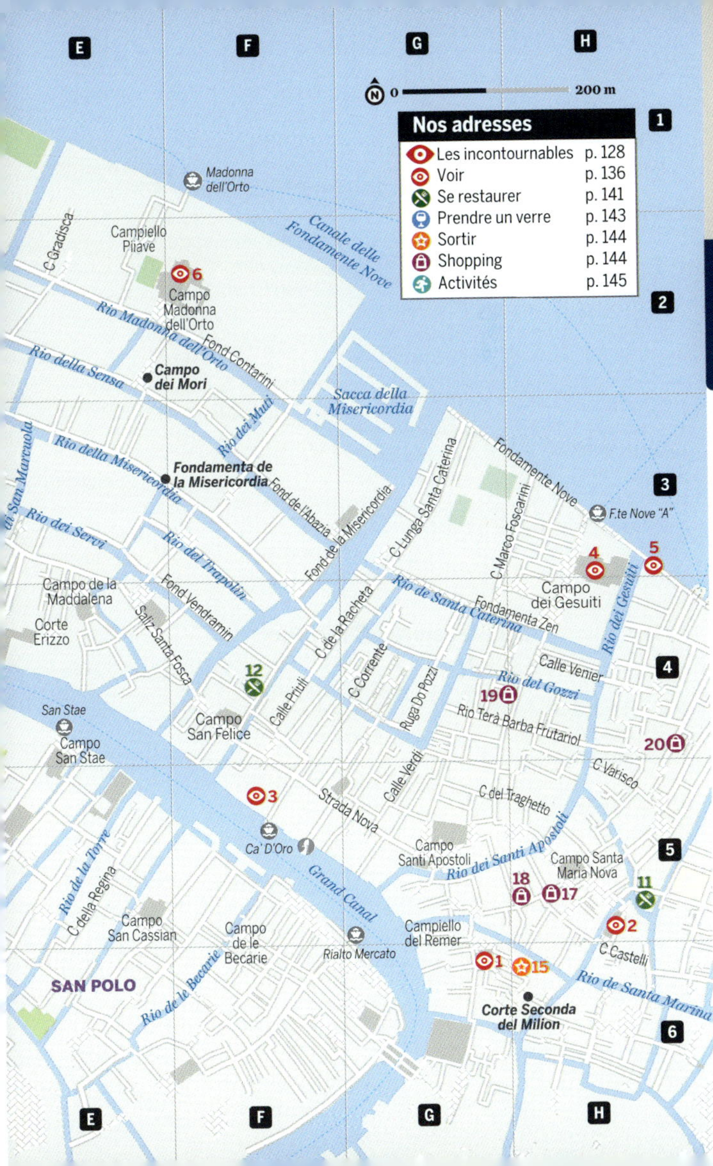
E
F
G
H
0 200 m
Nos adresses
Les incontournables p. 128
Voir p. 136
Se restaurer p. 141
Prendre un verre p. 143
Sortir p. 144
Shopping p. 144
Activités p. 145
1
2
3
4
5
6
Madonna dell'Orto
Campiello Piiave
C Gradisca
Canale delle Fondamente Nove
Campo Madonna dell'Orto
Rio Madonna dell'Orto
Fond Contarini
Rio della Sensa
Campo dei Mori
Rio dei Muti
Sacca della Misericordia
Rio della Misericordia
Fondamenta de la Misericordia
Fond de l'Abazia
Fond de la Misericordia
C Lunga Santa Caterina
Fondamente Nove
C Marco Foscarini
F.te Nove "A"
Rio dei Servi
Rio del Trapolin
Fond Vendramin
Campo de la Maddalena
Corte Erizzo
Saliz Santa Fosca
C de la Racheta
Rio de Santa Caterina
Fondamenta Zen
Campo dei Gesuiti
Rio dei Gesuiti
C Corrente
Calle Priuli
Ruga Do Pozzi
Calle Venier
Rio del Gozzi
Rio Terà Barba Frutariol
Campo San Felice
San Stae
Campo San Stae
C Varisco
Calle Verdi
C del Traghetto
Strada Nova
Ca' D'Oro
Campo Santi Apostoli
Rio dei Santi Apostoli
Campo Santa Maria Nova
Grand Canal
Rio de la Torre
C della Regina
Campo San Cassian
Campo de le Becarie
Rialto Mercato
Campiello del Remer
C Castelli
Rio de Santa Marina
SAN POLO
Rio de le Becarie
Corte Seconda del Milion
1 2 3 4 5 6 11 12 15 17 18 19 20

Voir

Chiesa di San Giovanni Crisostomo

ÉGLISE

1 PLAN P. 134, G6

La foule qui circule entre le centre et le Campo Santi Apostoli (où commence l'itinéraire indiqué p. 132) masque presque l'entrée de cette église, dernière œuvre de Mauro Codussi (p. 30), qui ne put voir son achèvement, en 1525. La façade, bombardée pendant la Première Guerre mondiale, est simple. La beauté éclate à l'intérieur de l'église dont le plan est en forme de croix grecque ramassée. La Renaissance vénitienne s'y trouve dans de lumineuses illustrations : le retable de 1513 de Giovanni Bellini avec *Les saints Christophe, Jérôme et Augustin* dans la première chapelle de droite, et le bas-relief (1509-1511) de Tullio Lombardo, *Couronnement de la Vierge*, d'un style classique marqué. Les Vénitiens appellent l'église San Giovanni Grisostomo (et non Crisostomo). (☎041 522 71 55 ; Salizada San Giovanni Grisostomo ; 🕒8h15-12h15 et 15h-19h)

Chiesa di Santa Maria dei Miracoli

ÉGLISE

2 PLAN P. 134, H5

De 1481 à 1489, Pietro Lombardo et ses fils veillèrent à l'exécution de cet écrin de marbre polychrome, chef-d'œuvre de la Renaissance

Les maisons de Messire Marco Polo

En longeant le flanc droit de la Chiesa di San Giovanni Crisostomo (ci-dessus), en direction du Teatro Malibran (p. 144), suivez la Corte del Teatro ou de l'Opera jusqu'au bout, puis les arcades, à droite. Vous serez dans l'un des lieux les plus caractéristiques de la ville, la **Corte Seconda del Milion** (plan p. 134, H6), attenante à la Corte Prima, dont le nom évoque *Il Milione* (*le Devisement du monde* ou *le Livre des Merveilles* en français), compte rendu du voyage que Marco Polo dicta à Rustichello de Pise. Ces *corti* abritent en effet les maisons traditionnellement attribuées à l'explorateur. Ces hautes demeures gothiques de briques, avec barbacanes et patères de style byzantin, font face à des arcades décorées de motifs zoomorphes et floraux. On ne sait pas précisément si Marco Polo vécut réellement ici, mais quoi qu'il en soit, il ne put y résider bien longtemps, puisqu'il voyagea de façon incessante entre 1271 et 1295 : en Chine, d'abord, avec son père et son oncle, puis en qualité de conseiller et ambassadeur de Kubilai Khan. Il mourut en 1324 en laissant le premier récit détaillé d'un voyage dans le cœur de l'Asie profonde et sur la Route de la Soie.

Campo dei Miracoli

évoquant un énorme tabernacle. Une nuit de la Saint-Sylvestre, on y transféra un retable jugé miraculeux – la *Vierge à l'Enfant* de Zanino di Pietro – qui ornait la maison voisine d'un marchand. L'intérieur se compose d'une nef unique au chœur surélevé. (☎041 275 04 62 ; www.chorusvenezia.org, Campo dei Miracoli, Cannaregio ; tarif plein/réduit 3/2 € ou Chorus Pass ; ⏲10h30-13h30 et 14h30-17h lun-sam ; ⛴Ca' d'Oro)

Ca' d'Oro

MUSÉE

3 ◎ PLAN P. 134, F5

Souvent considérée comme le plus beau palais du Grand Canal, la Ca' d'Oro ("maison d'or") doit son nom aux feuilles d'or qui recouvraient jadis les sculptures de sa façade à arcades. La construction de cette magnifique demeure d'inspiration orientale, typique du gothique vénitien, débuta en 1412 pour ne s'achever que près de 500 ans plus tard. Au fil du temps, elle tomba en décrépitude, avant d'être sauvée par le baron Giorgio Franchetti, avec l'aide de son ami l'écrivain Gabriele D'Annunzio. Le mécène et collectionneur en fit don à l'État avec son contenu, aujourd'hui exposé à la **Galleria Giorgio Franchetti**, qui comprenait des bronzes de la Renaissance, des médailles, des tableaux (XVe-XVIIIe siècle) et des petites sculptures. Notez la *Crucifixion* attribuée à Jan Van Eyck (XVe siècle), le *Polyptyque de la Passion* d'Antonio Vivarini (XVe siècle), le saisissant *Saint Sébastien* de Mantegna, la *Vénus* *au miroir* de Titien, le *Portrait de Nicolò Priuli* du Tintoret et les deux *Vues de Venise* de Francesco Guardi. Les salles contiguës à la loggia abritent une collection de céramiques (XIIe-XIXe siècle). (041 520 03 45 ; www.cadoro.org ; Calle di Ca' d'Oro 3932 ; tarif plein/réduit 13/9 €, avec le musée de Palazzo Grimani 17 € ; 10h-19h mar-dim; Ca' d'Oro)

Chiesa dei Gesuiti

ÉGLISE

4 PLAN P. 134, H3

L'imposante Santa Maria Assunta (1715), surnommée d'après les Jésuites qui l'érigèrent, s'élève sur le site d'une église du XIIe siècle de l'ordre des pères Porte-Croix. Derrière la façade monumentale, mais classique, l'intérieur surprend par sa magnificence baroque : fragments de marbres blancs et verts aux murs, stucs dorés, colonnes torses, etc. Repérez le *Martyre de saint Laurent* de Titien, dans la Cappella di San Lorenzo, l'*Assomption de la Vierge* du Tintoret dans le bras nord du transept et l'*Ange gardien et les saints transportant les âmes* de Palma le Jeune, à droite en entrant. (041 528 65 79 ; Campo dei Gesuiti, Cannaregio ; 10h30-12h30 et 16h-18h30 en été, jusqu'à 17h en hiver ; Fondamente Nove)

Fondamente Nuove

QUAI

5 PLAN P. 134, H3

Ces longs quais en pierre d'Istrie, qui courent à la lisière nord de Venise sur près de 1 km entre la Sacca della Misericordia et le Rio di Santa Giustina, furent bâtis après un long processus de comblement des lais au XVIe siècle. Exposés aux vents, bordés de vénérables entrepôts et de demeures nobiliaires du XVIIe siècle, ils offrent une vue dégagée sur les îles du Nord ; par temps clair, le regard embrasse même les montagnes du Frioul-Vénétie Julienne, voire les Dolomites. (Fondamente Nuove)

Chiesa della Madonna dell'Orto

ÉGLISE

6 PLAN P. 134, F2

Né près du Campo dei Mori voisin, le Tintoret repose dans cette église du XIVe siècle, emblématique du gothique vénitien, pour laquelle il a peint plusieurs chefs-d'œuvre : la nef droite recèle la *Présentation de Marie au Temple*, le chœur, le *Jugement dernier*, l'*Adoration du Veau d'or*, *Saint Pierre et l'apparition de la Croix* et la *Décapitation de saint Paul*. Un retable de Cima da Conegliano, *Saint Jean-Baptiste avec les saints Pierre, Marc, Jérôme et Paul* (1493-1495), surmonte le premier autel de la nef droite. Ne manquez pas non plus dans le chœur l'*Annonciation* de Palma le Jeune, provenant de l'église Santa Ternita de Castello, aujourd'hui démolie, ni *Tobie et l'archange Raphaël* de Titien dans la chapelle Vendramin. Enfin, levez les yeux sur le campanile, coiffé d'un dôme en bulbe de style oriental. (366 736 83 90 ; www.madonnadellorto.org ; Campo della Madonna dell'Orto ; 3 € ; 10h-17h lun-sam, 12h-17h dim ; Madonna dell'Orto)

Chiesa di Sant'Alvise ÉGLISE

7 PLAN P. 134, D1

Au cœur d'un paisible quartier populaire, cette église du XIVe siècle présente une façade dépouillée qui contraste avec son intérieur richement ornementé. Dans la lunette du portail gothique figure une statue de saint Louis (Alvise en vénitien), évêque de Toulouse, attribuée à Bartolomeo Bon. Admirez au plafond la fresque du XVIIe siècle de Piero Antonio Torri et Pietro Ricchi, qui crée un fascinant effet de perspective, ainsi que la tribune suspendue

Promenade le long de l'autre canal

Deux voies d'eau suffisamment larges et longues pour être qualifiées de "canal" coulent dans Venise : le Grand Canal, bien connu, et le canal de Cannaregio, qui se jette dans son grand frère. Une promenade sur les deux *fondamente* qui le bordent constitue une belle immersion vénitienne. C'est d'ailleurs ici que l'on célèbre depuis quelques années la "fête vénitienne" (qui attire aussi de nombreux visiteurs), contre-point de l'ouverture du carnaval institutionnel.

La partie nord-ouest du canal est appelée Fondamenta di Cannaregio. Vous passerez devant l'un des accès du Ghetto (p. 128), que vous remarquerez aux gonds de fer qui soutenaient les grandes portes autrefois fermées la nuit pour éviter que les Juifs ne se déplacent. Après le très reconnaissable **Ponte dei Tre Archi** (plan p. 134, A2) de 1503, vous atteindrez sur la droite les bâtiments de l'**ancien abattoir** (plan p. 134, A2) du XIXe siècle, aujourd'hui site universitaire, dont la façade présente les sculptures des crânes d'un bœuf et d'un agneau. C'est là que se fournissait la trattoria **Dalla Marisa** (041 72 02 11 ; Fondamenta di San Giobbe - 652/B ; 12h-14h tlj, et 19h30-20h30 mar et jeu-sam ; menu 17 € midi, 35-40 € soir), que vous dénicherez en revenant sur vos pas : cet établissement tout simple propose des menus fixes, toujours cher au cœur de bien des Vénitiens. Après votre repas, faites un détour par l'une des églises les moins connues de la ville, celle de **San Giobbe** (plan p. 134, A3 ; ouverte pour les célébrations) et enfin, avant de revenir au Ponte delle Guglie, entrez à droite dans le **Parco Savorgnan** (plan p. 134, B3), l'ancien jardin botanique de l'époque autrichienne (1815-1866).

(*barco*) réservée aux religieuses du couvent. Toutefois, ce sont les trois œuvres de facture dramatique signées Giambattista Tiepolo, le *Couronnement d'épines*, la *Flagellation* et la *Montée au Calvaire*, qui retiennent l'attention – à l'époque, le peintre était sensible aux mélodrames que l'on jouait en ville, d'où les costumes et visages expressifs des personnages. (☎041 275 04 62 ; www.chorusvenezia.org ; Campo Sant'Alvise ; tarif plein/réduit 3/2 € ou Chorus Pass ; 10h30-13h30 et 14h30-17h lun-sam ; Sant'Alvise)

Chiesa degli Scalzi ÉGLISE

8 PLAN P. 134, A4

De son nom officiel Chiesa di Santa Maria di Nazareth, cette église en marbre de Carrare fut érigée pour l'ordre des Carmes déchaux (*scalzi*). L'harmonieuse façade baroque (1672-1680) de Giuseppe Sarti, rythmée de doubles colonnes et de statues, dissimule une nef conçue par Baldassare Longhena, avec des chapelles latérales et une arche débouchant sur le chœur orné de sibylles. La profusion de marbre et d'éléments décoratifs ainsi que l'orgue monumental de la contre-façade composent un ensemble plein de faste et d'opulence. Le plafond arborait jadis une grande fresque de Giambattista Tiepolo, le *Transport de la Sainte Maison de Lorette*, qui fut détruite par une bombe autrichienne en 1915 – ses vestiges sont à la Gallerie dell'Accademia – et remplacée par une œuvre peinte en 1929-1933 par Ettore Tito. La somptueuse **Cappella Manin** en marbre polychrome renferme la tombe du dernier doge de Venise, Ludovico Manin. Attenant à l'église, le **Giardino Mistico** est un potager rappelant les jardins monastiques du Moyen Âge. Sa boutique vend des produits sous le label des Carmes déchaux. (église et jardin, Cannaregio 54 ; www.giardinomistico.it ; entrée 5 € ; 7h-12h et 15h-18h50 ; visites guidées sur réservation par courriel à info@giardinomistico.it ; 10h-15h lun-sam, 15h dim, 5 personnes minimum ; visite église ou jardin/ensemble 45-60 min/1 heure 40 ; Ferrovia)

Moro di Venezia, Campo dei Mori

Place des Maures

Les Vénitiens éprouvent un attachement tout particulier pour le **Campo dei Mori** (plan p. 134, E2), évocateur du passé cosmopolite de la cité. Depuis le Moyen Âge, quatre statues en pierre d'Istrie ornent les façades de cette "place des Maures", mal nommée car les sculptures représenteraient en réalité les Mastelli, une riche famille de marchands d'épices du XIIe siècle originaire de Morée (ancien nom du Péloponnèse, en Grèce). Celle affublée d'un nez en fer serait Amir Ben Riobà, dit Antonio Rioba ou Sior Rioba, les trois autres portant turban, ses frères et un serviteur. Sans scrupules, les Mastelli se rendirent célèbres pour leurs manigances et leur participation active au sac de Constantinople par le doge Enrico Dandolo. Ils possédaient dans le secteur plusieurs maisons ainsi que le Palazzo "del Cammello", surnommé ainsi en raison du bas-relief de camélidé sur sa façade. La légende veut que ces négociants aient été transformés en statues de pierre après qu'une pieuse Vénitienne eut appelé la Vierge Marie à les punir pour leur comportement indigne. L'effigie de Sior Rioba joua autrefois le même rôle que le Pasquino à Rome : les Vénitiens déposaient à ses pieds des billets raillant le doge et le gouvernement ou exprimant un mécontentement à leur égard. (Campo dei Mori ; Madonna dell'Orto)

Se restaurer

Cantina Aziende Agricole

BACARO €

9 PLAN P. 134, D3

Même si un service de restauration étoffe désormais les *ombre* et *cicheti* à consommer au comptoir, l'endroit compte parmi les derniers vrais *bacari* de la ville, chers au cœur des Vénitiens. Atmosphère unique et familiale. (041 72 21 49 ; www.cantinaaziendeagricole.com ; Rio Terà Farsetti 1847/A ; cicheti à partir de 1,50 € ; 10h-14h et 17h-22h ; San Marcuola)

Trattoria Pontini

TRATTORIA €€

10 PLAN P. 134, C3

La terrasse de cette antique trattoria toujours très fréquentée a trouvé sa place dans la circulation incessante de la Fondamenta di Cannaregio, entre le poissonnier, le buraliste et les bateaux qui déchargent la pêche du jour. Installez-vous pour savourer des plats traditionnels, ou un simple spritz accompagné d'un (excellent) *tramezzino*, en écoutant le dialecte se mêler à toutes les langues du monde. (041 71 41 23 ; Fondamenta Cannaregio 1268 ; repas 30-35 € ; 7h-23h lun-sam)

Un verre en terrasse

L'été en particulier, la Fondamenta della Misericordia et son prolongement, la Fondamenta degli Ormesini, deviennent le point de ralliement pour boire un verre et discuter entre amis, de l'heure de l'apéritif jusque tard le soir. Vous aurez l'embarras du choix, mais voici quelques adresses recommandées :

- **Vino Vero** Commandez un verre de vin naturel et un morceau de fromage, puis prenez une serviette et allez vous asseoir au bord du canal. (041 275 00 44 ; Fondamenta della Misericordia 2497 ; cicheti 2,50 € ; 18h-minuit lun-jeu, 12h-minuit ven-dim)

- **Sullaluna** Une librairie (nombreux titres pour enfants) doublée d'un bistrot qui propose plats végétariens et vins bio. (041 72 29 24 ; www.sullalunavenezia.it ; Fondamenta de la Misericordia 2535 ; assiettes à partir de 10 € ; 9h-22h mer-lun ;)

- **Paradiso Perduto** Plus que la nourriture ou le vin, c'est le décor et l'ambiance festive qui priment au "Paradis perdu". Concerts de jazz à l'occasion. (041 72 05 81 ; Fondamenta della Misericordia 2540 ; repas 45 € ; 12h-minuit jeu-lun)

- **Da Aldo** C'est depuis des décennies le QG des étudiants qui cultivent une passion pour la bière. (041 71 58 34 ; Fondamenta degli Ormesini 2710 ; 11h-16h et 19h-2h lun-sam)

- **Al Timon** Si toutes les tables sont prises, installez-vous sur la barque amarrée au bord du canal. (041 524 60 66 ; Fondamenta dei Ormesini 2754 ; cicheti 2 € ; 18h-1h en été, 17h-1h en hiver)

- **Vinile & Tails** Cocktails soignés et DJ. (349 188 50 02 ; Fondamenta dei Ormesini 2798 ; 17h-2h lun et mer-sam, 11h30-2h dim)

- **Torrefazione Cannaregio** On ne vit pas que d'alcool. Cette boutique est le nouveau siège "tendance" d'un torréfacteur historique existant depuis 1930. (041 71 63 71 ; www.torrefazionecannaregio.it ; Fondamenta dei Ormesini 2804 ; 8h-13h lun-sam)

- **Mezzopieno** À deux pas du Campo del Ghetto, ce nouveau *bacaro* propose des sandwichs et des tartines élaborés, et des vins à savourer entre les reflets de lumière sur l'eau du canal. (041 200 78 82 ; Fondamenta dei Ormesini 2832 ; 10h30-22h30 mar-dim)

Terrasse sur la Fondamenta de la Misericordia

Da Alberto BACARO, OSTERIA €€

11 PLAN P. 134, H5

Dans cette *osteria* "à l'ancienne" on consomme sur de petites tables massives le menu affiché en vitrine sur du papier paille. C'est aussi un *bacaro* où boire un verre et grignoter des *cicheti* tels que morue frite (*batacìn*) ou boulette de viande, assis ou debout au comptoir. (041 523 81 53 ; Calle Giacinto Gallina 5401 ; https://www.osteriadaalberto.it/contatti/ ; repas 25-35 €, cicheti 1,60-3 € ; bar 10h30-15h et 18h30-22h30, cuisine 12h-14h30 et 18h30-21h30 ; Fondamente Nove, Rialto)

Vini da Gigio TRATTORIA €€€

12 PLAN P. 134, F4

Une des meilleures adresses du *sestiere*, pour la table (cuisine familiale à base de produits de saison) comme pour les vins. Ambiance intime et chaleureuse sur la *fondamenta* où débute *Fable de Venise*, l'un des plus célèbres albums de Corto Maltese. (041 528 51 40 ; www.vinidagigio.com ; Fondamenta San Felice 3628/A ; repas 50 € ; 12h-14h30 et 19h-22h30 mer-dim ; Ca' d'Oro)

Prendre un verre

Marciano PUB ET OSTERIA

13 PLAN P. 134, D3

Marciano se décline en deux versions. La première est le grand pub ouvert il y a peu, qui s'est vite fait un nom avec ses sandwichs américains (hamburgers, *pulled pork*, *lobster bun*) et ses cocktails. La seconde est l'*osteria* attenante, qui sert les plats de tradition sur des tables installées face au canal. Dans les deux cas, vous serez satisfait et pourrez même vous attarder. (041 476 72 55 ; www.marcianopub.com ; Calle Gheltof ou Loredan 1863/C ; 18h-1h)

Al Tappo

BAR À VINS ET CICHETI

14 PLAN P. 134, C3

Ce petit bar contemporain de la Calle del Ghetto Vecchio sert des vins naturels et des *cicheti* revisités, mais cache aussi un petit jardin secret, véritable oasis de calme. Du café du matin à un apéritif tardif, Alvise saura vous conseiller avec discrétion, tout en bavardant avec la clientèle de ce bar assez récent, mais déjà bien enraciné dans le quartier. (041 476 74 86 ; Calle del Ghetto Vecchio 1188 ; 11h-15h et 18h-22h)

Sortir

Teatro Malibran

THÉÂTRE

15 PLAN P. 134, H6

En 1835, Maria Malibran renonça à son cachet pour son interprétation dans *La Sonnambula*, opéra de Bellini. Le Teatro San Giovanni Grisostomo, ouvert au XVIIe siècle et déjà cher au cœur des Vénitiens, fut alors rebaptisé. Moins exigeant que La Fenice (p. 68), avec laquelle il partage cependant son orchestre, il propose une riche affiche d'opéra et de symphonies. (041 272 26 99 ; www.teatrolafenice.it ; Campiello del Teatro 5873 ; 9h-17h)

Casinò di Venezia

CASINO

16 PLAN P. 134, D4

Notez les fenêtres géminées à arc semi-circulaire et les médaillons en marbre, typiques du style de Codussi. L'ancienne résidence de Wagner (il y mourut en 1883) abrite aujourd'hui le casino. Accès réservé aux plus de 18 ans. (041 529 71 11 ; www.casinovenezia.it ; Palazzo Vendramin Calergi, Calle Vendramin, Cannaregio 2040 ; entrée 5 ou 10 € avec jetons de 10 € à utiliser aux tables de jeu ou jetons de 10 € pour les machines à sous ; machines à sous 20h15-3h15 ven et sam, 19h-2h dim ; San Marcuola)

Shopping

Studio Saor

CONCEPT STORE

17 PLAN P. 134, H5

"Architecture illustrée" : c'est ainsi que ce concept store présente ses articles : maquettes, cartes, papeterie et articles de design inspirés de l'architecture vénitienne. (Salizada San Canzian 5576/A ; www.studiosaor.com)

Lena

COUTELLERIE

18 PLAN P. 134, H5

"El gùa" est le nom vénitien du rémouleur, et cette boutique est depuis presque 100 ans le gùa de Venise. L'endroit s'est adapté, restant ainsi une référence : l'affûtage des lames s'est doublé de la vente de couteaux, crans d'arrêt, nécessaires de rasage et ciseaux. (041 523 74 78 ; Salizada San Canzian 5919 ; 9h-13h et 15h30-19h30 lun-sam)

La Stanza di Alice

DÉCO

19 PLAN P. 134, G4

Dans le vieux fournil familial transformé en atelier, Massimiliano crée des objets et du mobilier pour chambres d'enfants. (Calle dello Spezier ; www.lastanzadialice.net ; Fondamente Nove)

Gianni Basso

IMPRIMERIE

20 PLAN P. 134, H4

Dans cette boutique ouverte en 1984, père et fils pratiquent le noble art de l'imprimerie. Ils y impriment des cartes de visite uniques, dans un style byzantin, gothique ou vénitien, et réalisent ex-libris et accessoires de correspondance. Service d'expédition. (041 523 46 81 ; Calle del Fumo 5306 ; 9h-13h et 14h-18h lun-ven, 9h-13h sam ; Fondamenta Nuove)

Eredi Fusetti Diego

ART HÉBRAÏQUE

21 PLAN P. 134, C3

Cette belle boutique d'artisanat et d'art hébraïque se cache derrière des rideaux rouges. Fouinez entre les objets précieux et les tissus ; vous trouverez peut-être une kippa à votre goût pour visiter les synagogues. (041 72 00 92 ; Ghetto Vecchio 1218 ; horaires variables ; Guglie)

KARL ALLEN LUGMAYER/SHUTTERSTOCK ©

Le casino de Venise

Activités

Venice on Board

NAVIGATION ET VOILE

22 PLAN P. 134, B1

L'émotion que procure la découverte de Venise depuis l'eau est décuplée si on l'éprouve depuis les flancs bas d'une embarcation traditionnelle, et plus forte encore si on en manie soi-même les rames. L'équipe de Venice on Board vous donnera des leçons dans les rii calmes de Cannaregio et, si vous le souhaitez, vous initiera aussi à la "vela al terzo", la technique de navigation traditionnelle sur la lagune. (342 961 01 66 ; www.veniceonboard.it ; Fondamenta Contarini 3009/G ; 9h-19h)

Explorer Castello

Baptisé ainsi en raison du fort médiéval qui s'élevait jadis sur l'îlot de San Pietro, Castello est le quartier le plus proche de la mer. Et tout ici renvoie à l'élément marin : l'Arsenal, le musée d'Histoire navale, les statues et monuments des Giardini di Castello, les tombes des capitaines à l'intérieur des églises, la toponymie… et surtout l'atmosphère plus lumineuse, plus aérée et plus chargée d'embruns que partout ailleurs à Venise. Castello est aussi le sestiere de la célèbre Biennale d'art et d'architecture et de certains secteurs encore authentiques de la ville.

Notre sélection

- ***Campo Santi Giovanni e Paolo (p. 148)***. *La magnificence de l'une des places majeures de la ville, autrefois théâtre de cérémonies civiles et religieuses.*
- ***Une promenade sur les quais (p. 152)***. *Dans l'ancien port de Venise, pour contempler la lagune sud.*
- ***Via Garibaldi (p. 167)***. *Une vie de quartier animée.*

Comment y aller

Vaporetto La ligne n°1 dessert tous les arrêts de la Riva degli Schiavoni, de San Zaccaria au Lido. La ligne n°2 remonte le Grand Canal dans une direction et rallie la Giudecca dans l'autre (depuis l'arrêt "Monumento") ; elle ne poursuit vers le Lido que l'été. Les lignes nos 4.1, 4.2, 5.1 et 5.2 effectuent un parcours circulaire dans le quartier du Castello.

Ferry Les lignes nos 12 et 14 relient San Zaccaria aux localités balnéaires des environs.

Plan du quartier p. 154

Pavillon hongrois (détail), jardins de la Biennale

Les incontournables

Sortir des sentiers battus au Campo Santi Giovanni e Paolo

Un peu à l'écart, à hauteur de Cannaregio, la place principale de Castello est aussi l'une des plus importantes de Venise. Au centre de cet espace monumental bordant un rio lumineux trône la statue équestre de Bartolomeo Colleoni. Sur ses flancs se dressent deux édifices majeurs : la Scuola Grande di San Marco, un très vieil hôpital, et la Basilica dei Santi Giovanni e Paolo, panthéon de la Sérénissime.

PLAN P. 154, B1

Les arrêts de *vaporetto* les plus proches sont Fondamente Nove et Ospedale.

La place

Jadis théâtre des cérémonies civiles et religieuses, le Campo Santi Giovanni e Paolo (contracté en Zanipolo en dialecte vénitien) demeure un lieu plaisant très fréquenté par les Vénitiens : les grands viennent y prendre le café en terrasse et les petits y jouer au ballon. Elle se caractérise par un mélange de monuments vénérables et de constructions plus simples, ces dernières sur son côté sud. Derrière la statue équestre de Colleoni (p. 150), vous remarquerez une *vera da pozzo* (margelle de puits) du XVIe siècle en pierre d'Istrie finement sculptée. Provenant d'une habitation privée et placée là en 1824, elle serait l'œuvre de Jacopo Sansovino. Aux abords de l'abside latérale sud de la basilique subsiste le pavage en terre cuite d'origine, sans doute au XIIIe siècle. Le côté ouest du *campo* est longé par le Rio dei Mendicanti, qui marque la limite entre le *sestiere* de Castello et celui de Cannaregio.

À quelques pas de la place

En longeant le Rio dei Mendicanti vers les Fondamente Nove, vous passerez devant la **Chiesa di San Lazzaro dei Mendicanti** (1601-1631) qui était à l'origine l'église de l'hospice de San Lazzaro et qui est aujourd'hui intégrée à l'hôpital civil de Venise. Elle a été conçue par Vincenzo Scamozzi. Si vous avez la chance de la trouver ouverte, ce qui est rarement le cas en dehors des offices funèbres, n'hésitez pas à y entrer : vous serez émerveillé par le vaste vestibule qui précède l'entrée elle-même et accueille le grand monument d'Alvise Mocenigo.

Au sud-est du *campo*, débute la longue **Barbarìa de le Tole**, rue jadis jalonnée de menuiseries où l'on rabotait les planches de bois (*tole*) destinées aux chantiers navals pour en éliminer les barbes (*barbarìa*).

★ À savoir

- Les derniers héros italiens enterrés dans la basilique sont les frères Bandiera, deux patriotes du Risorgimento, dont la tombe se situe à gauche de l'entrée.
- N'hésitez pas à pénétrer dans l'hôpital civil pour admirer le beau hall d'entrée.

Une petite pause ?

Rosa Salva (☎ 041 522 79 49 ; www.rosasalva.it/fr ; 8h-20h) est une pâtisserie historique, avec un beau comptoir d'époque et des tables installées sur la place. Pour se restaurer, le **Gibran** (☎ 375 599 76 76 ; Calle del Cafetier 6645 ; 11h-minuit), tout proche, est un excellent restaurant libanais.

Statue équestre de Colleoni

Le condottiere Bartolomeo Colleoni (1400-1475) légua à la ville 100 000 sequins d'or et exigea qu'une partie de la somme soit utilisée pour élever une statue en son honneur devant la basilique Saint-Marc. Dans une autre ville, personne n'aurait sourcillé, mais à Venise, le culte de la personnalité était interdit. De surcroît, Colleoni était suspecté de trahison. Aussi sa splendide effigie en bronze (1481-1488), réalisée par Verrocchio, fut-elle installée sur l'ordre du Sénat devant la Scuola Grande di San Marco, également dédiée à saint Marc mais beaucoup moins prestigieuse. Et quand l'oreille du cheval se détacha pendant le transport, les Vénitiens prirent même un malin plaisir à la recoller à l'envers.

Basilica dei Santi Giovanni e Paolo

Construite à partir de 1234 sur un terrain donné aux Dominicains par le doge Jacopo Tiepolo, cette basilique conventuelle en forme de croix latine constitue un brillant exemple de gothique vénitien. Sa façade élancée, harmonieuse bien qu'inachevée, présente à sa base des sarcophages paléochrétiens et gothiques dans des niches. Le portail en marbre de Bartolomeo Bon (après 1459), orné de sculptures délicates et flanqué de doubles colonnes provenant d'une église de Torcello, illustre le passage du gothique au style Renaissance.
L'intérieur solennel renferme les sépultures de 25 doges, inhumés entre 1249 et 1778, ainsi que les monuments funéraires des Mocenigo (contre-façade) et du gouverneur de Chypre Marcantonio Bragadin, écorché vif par les Turcs. L'édifice compte également des œuvres picturales remarquables : un *Polyptyque de saint Vincent Ferrier* de Bellini, des fresques de Véronèse au plafond de la Cappella del Rosario, une grande toile de Piazzetta, l'*Apothéose de saint Dominique*, au centre de la voûte et un retable de **Lorenzo Lotto**, l'*Aumône de saint Antonin*, dans le bras sud du transept. (☎ 041 523 59 13 ; www.santigiovanniepaolo.it ; tarif plein/réduit 3,50/1,50 € ; 🕘 9h-18h lun-sam,12h-18h dim ; Ospedale, Rialto)

Scuola Grande di San Marco

On doit à Pietro Lombardo, Giovanni Buora, Mauro Codussi et Jacopo Sansovino la conception de cet édifice construit entre 1487 et 1534, magnifique condensé du style Renaissance vénitien, qui fut le siège d'une des plus puissantes confréries de la ville. La façade asymétrique en marbre (photo p. 148), d'une grande élégance, présente au niveau inférieur des niches en trompe-l'œil, plus haut des épisodes de la vie de saint Marc et le lion emblématique du patron de la cité. L'édifice abrite aujourd'hui l'hôpital civil (Ospedale

Les “écoles” de Venise

Institution typique de Venise, les *scuole* étaient des sociétés de bienfaisance laïque, sorte de confréries qui apparurent entre 1250 et 1500. Leurs membres se réunissaient par métiers ou nationalités. Elles étaient destinées à aider les déshérités, mais l’entraide était également au cœur de leur fonctionnement. Elles ont tenu un rôle crucial dans la société vénitienne. La Scuola Grande di San Marco, par exemple, se consacrait à l’assistance aux malades. Les écoles mineures accueillaient des corporations d’artisans et de commerçants des milieux populaires et bourgeois. Les *scuole grandi*, plus riches, étaient celles des membres des grandes familles vénitiennes. Au XVIe siècle, on comptait environ 215 écoles à Venise, dont sept *scuole grandi*. Chacune avait un saint patron, des fonds, un statut, un président et comptait des artistes parmi ses membres. Les plus riches pouvaient passer commande de leurs sièges aux architectes et peintres les plus renommés de leur époque. Ainsi, certaines renferment aujourd’hui encore de précieux trésors artistiques.

La **Scuola Grande di San Rocco** (p. 115), celles de **San Giovanni Evangelista** (p. 115) et des **Carmini** (p. 89) sont les plus remarquables.

Civile) de Venise, qui occupe également le couvent dominicain et des pavillons modernes. À droite en entrant, l’escalier de l’architecte baroque Baldassare Longhena conduit à la **Biblioteca Storia Medicina**, dotée d’un superbe plafond sculpté et doré, décoré de symboles des confréries. (☎041 529 43 23 ; www.scuolagrandesanmarco.it/fr ; Campo Santi Giovanni e Paolo, Cannaregio 6777 ; Ospedale)

Promenade à pied

Les quais de Castello

Du Ponte della Paglia, non loin de la place Saint-Marc, on peut rejoindre les zones les plus excentrées de Castello en parcourant la longue promenade des rive (quais), qui suit tout le côté sud du sestiere. En chemin, vous serez ébloui par les jeux de la lumière sur l'eau et pourrez contempler par temps ensoleillé, même en hiver, les confins méridionaux de la lagune, constellée d'îles d'où pointent des campaniles et des monastères.

La promenade

Départ Ponte della Paglia

Arrivée Giardini di Castello

Distance 1,5 km

Durée 20 min

❶ Riva degli Schiavoni

Le "quai des Esclavons" porte le nom des marchands de Slavonie (en actuelle Croatie) qui y accostaient jadis à bord de leurs navires. Du Ponte della Paglia d'où part la promenade, on admire le pont des Soupirs. La *riva* constitue l'endroit privilégié pour admirer la partie sud de la lagune, et aussi l'île de San Giorgio Maggiore, à la pointe de la Giudecca, et les silhouettes de Saint-Marc et de la basilique Santa Maria della Salute à l'horizon. Vous découvrirez au passage le Palazzo delle Prigioni, le célèbre hôtel Danieli, le monument à Victor-Emmanuel II (1887), la **Chiesa della Pietà** (encadré p. 158), la Caserma Cornoldi et sa façade ocre rouge. Base de l'armée italienne, cette dernière occupe un ancien monastère transformé en caserne par Napoléon en 1806. (San Zaccaria)

❷ Riva della Ca' di Dio

La Ca' di Dio, grand édifice dessiné par Sansovino, se trouve juste après le pont homonyme. Cet édifice dont les origines remontent à 1272 était l'étape vénitienne des pèlerins en route vers la Terre sainte. Aujourd'hui, il s'agit d'un cinq-étoiles. Jetez un œil discret au petit oratoire dédié à Santa Maria Assunta qui lui sert de hall.

❸ Riva San Biagio

Les deux grandes ancres qui marquent l'entrée du **Museo Storico Navale** (p. 163) annoncent aussi la façade de la Chiesa di San Biagio, qui n'ouvre qu'en de rares occasions particulières. Elle abrite des monuments dédiés aux amiraux de la flotte vénitienne.

❹ Riva dei Sette Martiri

Le Ponte della Veneta Marina débouche à gauche sur la Via Garibaldi et en face sur la Riva dei Sette Martiri, l'ex-Riva dell'Impero bâtie dans les années 1930 et rebaptisée en hommage à sept résistants tués par le régime fasciste. Celle-ci regroupait autrefois les chantiers navals, où l'eau entrait jusque dans les ateliers. Les grands porches des habitations témoignent de cette époque. On arrive ensuite au Giardino della Marinaressa, dont le cadre paisible invite à faire une pause. Au bout de la *riva*, la Palazzina Canonica, curieux édifice néo-Renaissance appartenant au Conseil national de la recherche, jouit d'un emplacement de choix. (Arsenale)

❺ Largo Marinai d'Italia

Cette belle esplanade lumineuse, où flottent déjà des effluves marins, s'inscrit au carrefour du Viale Garibaldi, des jardins publics de Castello et du front de mer. À l'entrée des jardins, notez la **Colonna Rostrata**, qui célèbre les victoires navales italiennes. (Giardini)

Une petite pause ?

Votre promenade s'achèvera **In Paradiso** (p. 170).

Campo Santi Giovanni e Paolo
C Larga Gallina
Rio de Santa Marina
Campo Santa Marina
Barbaria de le Tole
C Cavalli
C S Francesco
Rio de San Giovanni Laterano
Rio de la Tetta
Rio di San Francesco
Saliz San Francesco
Campo San Lio
Saliz San Lio
Campo Santa Maria Formosa
C Larga S Lorenzo
Campo San Lorenzo
Corte Nova
C de l'Ogio
Rio dei Scudi
Rio di San Antonin
Rio di San Lorenzo
Fond San Severo
Ruga Giuffa
Rio de San Zulian
Campo della Guerra
Rio de San Zanirovo
C Lion
C dei Furlani
C degli Scudi
Spadaria
SAN MARCO
Campo SS Filippo e Giacomo
C de l'Arco
Salizada del Pignater
Rio del Vin
Campo di San Zaccaria
Rio dei Greci
Chiesa della Pietà
C de la Pietà
C Gritti
Piazza San Marco
Ponte dei Sospiri
C dei Albanesi
Campiello del Piovan
Riva degli Schiavoni
Rio Ca' di Dio
Riva Ca' di Dio
San Zaccaria (Danieli)
San Zaccaria (Jolanda)
San Zaccaria (Monumento V. Emanuele)
San Zaccaria (Pietà)
Arsenale
San Marco (Giardinetti)
Canale di San Marco
Canele della Giudecca
Darsena San Giorgio
Campo San Giorgio
Isola di San Giorgio Maggiore

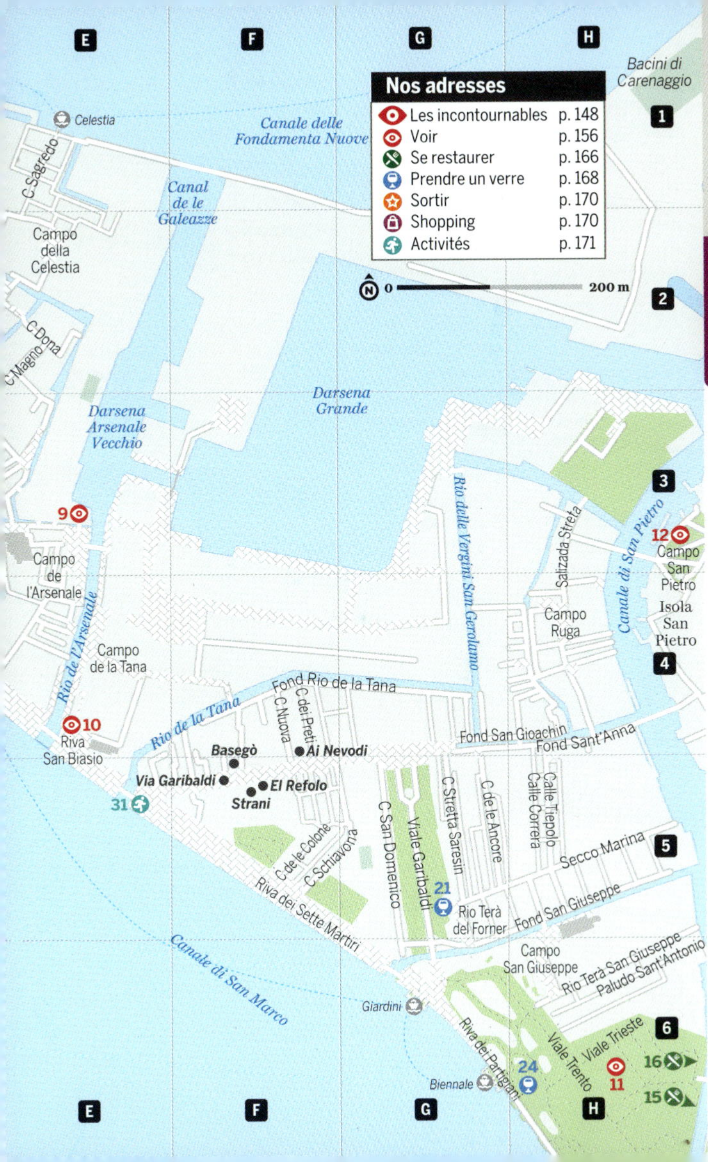

Nos adresses
Les incontournables p. 148
Voir p. 156
Se restaurer p. 166
Prendre un verre p. 168
Sortir p. 170
Shopping p. 170
Activités p. 171
0
200 m
E
F
G
H
1
2
3
4
5
6
Bacini di Carenaggio
Celestia
Canale delle Fondamenta Nuove
C. Sagredo
Canal de le Galeazze
Campo della Celestia
C. Dona
C. Magno
Darsena Grande
Darsena Arsenale Vecchio
Rio delle Vergini San Gerolamo
Salizada Streta
Canale di San Pietro
9
12
Campo San Pietro
Isola San Pietro
Campo de l'Arsenale
Campo Ruga
Rio de l'Arsenale
Campo de la Tana
Fond Rio de la Tana
C. dei Preti
C. Nuova
Rio de la Tana
10
Riva San Biasio
Fond San Gioachin
Fond Sant'Anna
Basegò
Ai Nevodi
Via Garibaldi
El Refolo
Strani
31
C. Stretta Saresin
C. de le Ancore
Calle Correra
Calle Tiepolo
Secco Marina
C. de le Colone
C. Schiavona
C. San Domenico
Viale Garibaldi
21
Rio Terà del Forner
Fond San Giuseppe
Riva dei Sette Martiri
Campo San Giuseppe
Rio Terà San Giuseppe
Paludo Sant'Antonio
Canale di San Marco
Giardini
Riva dei Partigiani
Viale Trento
Viale Trieste
24
11
16
15
Biennale

Voir

Campo Santa Maria Formosa PLACE

1 PLAN P. 154, A2

Comptant parmi les plus grands de Venise, ce *campo* a été immortalisé par Canaletto. Son nom vient d'une apparition de la Vierge très *formosa* ("belle" en latin) dont un évêque aurait été le témoin. Il fit bâtir la **Chiesa di Santa Maria Formosa** (041 275 04 62 ; tarif plein/réduit 3/2 € ou Chorus Pass ; 10h30-13h30 et 14h30-17h) en 639. Celle-ci fut ensuite reconstruite en 1492 par Mauro Codussi (auquel on doit aussi l'harmonieux **Palazzo Malipiero** au sud-est de la place), qui en modifia le plan en croix grecque. La famille Cappello finança plus tard ses deux façades, classique (1542) sur la *riva* et baroque (1604) sur la place. À l'intérieur, notez le polyptyque de Palma le Vieux – impressionnante sainte Barbara –, le *Triptyque de la Vierge de la Miséricorde* de Vivarini et une icône de la Vierge qui se trouvait à bord du navire-amiral de la flotte victorieuse à la bataille de Lépante (1571). Sebastiano Venier, commandant de la flotte, logeait au **Palazzo Donà**, édifice gothique au beau porche, situé au numéro 6125.

Le campanile baroque présente un sommet chargé et un mascaron au-dessus de la porte (voir encadré p. 169).

Au numéro 5866 du *campo*, le **Palazzo Ruzzini** de style plutôt classique ferme la place au nord. C'est aujourd'hui un hôtel. (San Zaccaria, Rialto)

Palazzo Querini Stampalia MAISON-MUSÉE

2 PLAN P. 154, A2

En 1869, le comte Giovanni Querini Stampalia légua son palais du XVIe siècle à la ville, à la condition que sa bibliothèque, de plus de 200 000 volumes, reste ouverte tard le soir. Au rez-de-chaussée, s'ouvre un bijou de jardin moderniste métissé d'influences arabes et vénitiennes dessiné par Carlo Scarpa, qui restaura également le palais dans les années 1960. À l'intérieur, les expositions temporaires du musée et les salons emplis d'œuvres d'art offrent un aperçu intéressant de la façon dont l'aristocratie collectionnait les œuvres et vivait au milieu d'elles.

Dans les appartements du comte à l'étage, le **Museo della Fondazione Querini** reflète ses goûts et son intérêt pour le XVIIIe siècle. Sous les plafonds ornés de stuc, on trouve de somptueux meubles et tapisseries, des porcelaines de Meissen et de Sèvres, des bustes en marbre et quelque 400 tableaux, dont de nombreux portraits de famille, ainsi que des scènes de vie, comme les œuvres d'Alessandro et Pietro Longhi figurant des bals masqués et des maisons

Campo Santa Maria Formosa

de jeu, et mettant en scène de bons vivants du XVIIIe siècle. Un charmant Tiepolo représentant saint François serrant un crucifix est accroché dans un petit couloir menant à la chambre, ce qui témoigne de la richesse de la collection.

Au sein de celle-ci se distingue la superbe *Présentation de Jésus au Temple* de Giovanni Bellini, réalisée vers 1460. Admirez aussi les 39 *Scènes de la vie quotidienne à Venise* de Gabriele Bella (1730-1799), des tableaux illustrant la vie vénitienne et les coutumes de l'époque. Ils sont intéressants par les sujets abordés. Depuis 2018, le musée s'étend au 3e étage, où Michele de Lucchi a réaménagé sept nouvelles salles pour exposer des œuvres prêtées de façon permanente par la banque Intesa Sanpaolo. Chaque espace développe un thème précis, avec œuvres et mobilier d'époque correspondants. Vous découvrirez ainsi des tableaux du Tintoret, de Pittoni, de Creti, de Tiepolo, de Canaletto, de Caffi et de Ciardi, ainsi que des sculptures d'Arturo Martini. Enfin, la scintillante collection numismatique de la banque regroupe une des plus grandes quantités de pièces produites par l'hôtel des Monnaies de Venise entre la fin du XIIe siècle et sa fermeture, en 1866. (☎041 271 14 11 ; Campo Santa Maria Formosa 5252 ; musée, espace Scarpa et expos tarif plein/réduit 14/10 € ; 🕐10h-18h mar-dim ; ⛴Rialto, San Zaccaria)

L'église de Vivaldi ?

On raconte que Vivaldi donnait ses leçons à la **Chiesa della Pietà** (plan p. 154, C3 ; 041 522 21 71 ; Riva degli Schiavoni ; www.pietavenezia.org ; église et musée/musée seul 7/10 € ; 10h-12h et 15h-17h jeu-ven, 10h-17h sam-dim ; San Zaccaria). Mais il n'en est rien, d'autant que sa forme ovale ne bénéficie pas franchement à l'acoustique ; au sommet des piliers, des crochets servaient d'ailleurs au XVIIIe siècle à hisser des tentures pour améliorer celle-ci. Le compositeur vénitien donnait en réalité ses leçons à l'Istituto per l'Infanzia della Pietà, qui existe toujours et occupait alors certaines pièces de l'actuel Hotel Metropole. Construite entre 1745 et 1760, la Chiesa della Pietà, de son vrai nom Chiesa di Santa Maria della Visitazione, conçue par Giorgio Massari ne vit sa façade achevée qu'en 1906. Trois fresques de Giambattista Tiepolo ornent l'intérieur.

Palazzo Grimani

MUSÉE

3 PLAN P. 154, B2

Construit au Moyen Âge, l'édifice acquis par le doge élu en 1521, Antonio Grimani, et resté entre les mains de sa famille jusqu'en 1865. Il doit son aspect actuel aux premiers héritiers. Giovanni Grimani, en particulier, patriarche d'Aquilée et connaisseur passionné de l'Antiquité classique, décida de rénover le palais selon les canons de l'architecture Renaissance (le summum de la modernité, à l'époque), et d'y abriter sa collection d'art antique. Les monumentaux espaces intérieurs furent ainsi étudiés pour accueillir sculptures, pierres précieuses, marbres, vases, et autres.
À sa mort, cet important patrimoine, intégralement légué à la République, constitua le fonds initial du **Museo Archeologico Nazionale di Venezia** (p. 59). Certaines de ces pièces ont récemment réintégré le palais. Outre cette collection d'antiques, le **Museo di Palazzo Grimani** mérite d'être visité car grâce à une longue restauration, il a retrouvé sa splendeur d'origine. Tout y est magnifique : l'escalier monumental, le *camaron d'oro* (salon), la *sala a fogliami* (feuillages) et la *Tribuna* qui abritait à l'époque plus de cent statues antiques, et les splendides chambres d'Apollon, Callisto et Psyché, dont la décoration raconte les aventures chantées par Ovide dans les *Métamorphoses*. (041 241 15 07 ; Rugagiuffa, Ramo Grimani 4858 ; tarif plein/réduit 12/6 € ; 10h-19h mar-dim ; San Zaccaria, Rialto)

Campo San Zaccaria

PLACE

4 PLAN P. 154, B3

En arrivant de la Riva degli Schiavoni (p. 153), vous remarquerez, avant même d'y accéder, le portail en marbre de style gothique fleuri qui lui sert d'entrée. Cet élégant *campo* a conservé les arcades d'un cloître du XVe siècle élevé à l'emplacement du cimetière du couvent. Il est dominé par la silhouette de la **Chiesa di San Zaccaria** (041 275 04 62 ; tarif plein/réduit 3/1,50 € ou Chorus Pass ; 10h-18h), chef-d'œuvre de la Renaissance vénitienne signé Mauro Codussi et construit entre 1458 et 1490 à l'emplacement d'une ancienne église du IXe siècle. Sa blanche façade qui présente une forme caractéristique avec un tympan semi-circulaire surmonté de la statue de saint Zacharie, annonce les trois nefs richement décorées de l'intérieur dont les murs sont ornés notamment de chefs-d'œuvre de Bellini, de Titien, de Van Dyck et du Tintoret.

De toute beauté, *La Conversation sacrée avec l'ange musicien* (1505), de Giovanni Bellini, surmonte un autel sur la gauche en entrant et dégage une lueur irréelle. Napoléon le conserva 20 ans à Paris après avoir pillé la ville en 1797. Observez les rayons de lumière qui nimbent les saints personnages, conférant à la scène son atmosphère de fervente spiritualité.

À droite en entrant, la Cappella di San Atanasio abrite la *Naissance*

Palazzo Grimani

de saint Jean-Baptiste du Tintoret, et *La Fuite en Égypte* de Tiepolo. Tous deux dominent de magnifiques stalles marquetées. Derrière cette chapelle, la Cappella di San Tarasio (ou Cappella d'Oro, la chapelle d'or), de style gothique, arbore d'impressionnantes fresques d'Andrea del Castagno et de Francesco da Faenza, datant des années 1440. Près de l'autel, on peut voir des mosaïques du XIIe siècle. Une partie du sol en mosaïque d'origine, du IXe siècle, est conservée sous verre.

La **crypte** (tarif plein 3 € ou Chorus Pass ; 10h-18h) abrite la dépouille de Tarasio, patriarche de Constantinople au VIIIe siècle. Sujettes au flux et reflux des eaux, les cryptes sont très rares à Venise. Celle de San Zaccaria est ainsi inondée deux fois par jour. (San Zaccaria)

Retable de Bellini,
Chiesa di San Zaccaria (p. 159)

DIETMAR RAUSCHER/SHUTTERSTOCK ©

San Giorgio dei Greci

ENSEMBLE MONUMENTAL

5 PLAN P. 154, C3

Les Grecs qui, en 1453, avaient fui Constantinople après la conquête ottomane pour trouver refuge à Venise obtinrent du Sénat le droit de fonder leur propre église orthodoxe (1539-1561). La **Cattedrale di San Giorgio dei Greci** (041 523 95 69 ; Campo dei Greci 3412 ; 9h-13h et 14h30-17h mar-sam, 9h-13h dim ; San Marco-San Zaccaria, Pietà) se distingue par son iconostase dorée riche de 46 icônes. À côté, le **Museo delle Icone – Istituto Ellenico di Studi Bizantini e Postbizantini** (www.istitutoellenico.org ; tarif plein/réduit 4/2 € ; 9h-17h sam-lun), qui occupe l'ancien collège conçu par Longhena pour accueillir les étudiants grecs, lui-même érigé sur le site d'une école de grec et de latin active jusqu'en 1593. Le collège ferma une première fois en 1797, sous l'ordre de Napoléon, puis définitivement en 1905. Son bâtiment sert aujourd'hui d'écrin à une collection d'icônes grecques et vénitiennes réalisées entre le XIVe et le XVIIe siècle.

Scuola di San Giorgio degli Schiavoni

SCUOLA

6 PLAN P. 154, C2

Souvent ignorée des touristes, cette *scuola* (p. 151) est pourtant un site phare de Castello. Bâtie au début du XVIe siècle par les Dalmates résidant à Venise, elle recèle dans son oratoire un cycle de toiles de Carpaccio (1465-1525) illustrant les vies des saints Georges, Tryphon et Jérôme, patrons de la confrérie, ainsi que la *Vision de saint Augustin* – notez la partition figurant sur cette dernière et les détails macabres de *Saint Georges et le dragon* (première peinture à gauche en entrant). D'autres œuvres retiennent aussi l'attention à l'étage. (☎041 522 88 28 billetterie ; www.scuoladalmatavenezia.com ; Calle dei Furlani, Castello 3259/A ; tarif plein/groupe de plus de 15 pers 6/4 € ; ⏲13h30-17h30 lun, 9h30-17h30 mar-sam, 9h30-13h30 jours fériés, horaires supplémentaires sur réservation en écrivant à segreteria@scuoladalmatavenezia.com ; ⛴San Zaccaria, Arsenale)

Campo Bandiera e Moro PLACE

7 ◉ PLAN P. 154, D3

Cette place, communément appelée Campo della Bragora, termes dialectaux aujourd'hui disparus, est dédiée aux frères Bandiera, illustres patriotes du Risorgimento avec leur compagnon Domenico Moro. Ils naquirent dans la maison qui occupe le côté nord de la place. Remarquez, juste à côté, le **Palazzo Gritti Badoer**, un beau bâtiment du XVe siècle, dont la façade accueille une sculpture byzantine du Xe siècle, qui est aujourd'hui un hôtel. Entre les deux constructions, la Calle della Morte rappelle que c'est ici qu'étaient exécutées les personnes condamnées par le Consiglio dei Dieci (p. 52).

Sur le *campo* se dresse la **Chiesa di San Giovanni in Bragora** (☎041 275 04 62 ; tarif plein/réduit 3/2 € ou Chorus Pass ; ⏲10h30-13h30 et 14h30-17h), un édifice gothique tardif, à la sobre façade de briques. Elle fut reconstruite entre le XVe et le XVIe siècle. L'intérieur vaut le détour pour l'harmonieuse fusion des styles gothique et Renaissance et plusieurs œuvres remarquables, comme le *Lavement des pieds*

Le Bucentore

Le *Bucentaure* (*Bucintoro*), bateau le plus somptueux jamais construit à l'Arsenal, était la galère officielle des doges. Achevée en 1727, sa version la plus luxueuse était recouverte de feuilles d'or. Elle accueillait 90 personnes et requérait 168 rameurs. Une maquette est exposée au Museo Storico Navale (p. 163), avec quelques éléments d'origine, qui purent être sauvés quand les troupes napoléoniennes incendièrent le bateau, en 1798.

Les pavillons de la Biennale

Une grande partie des Giardini di Castello e della Biennale est dévolue à la Biennale d'art (années impaires) et d'architecture (années paires), avec 29 pavillons représentant autant de nations.

Ces pavillons offrent un panorama passionnant de l'architecture moderne, à partir de 1909, année de création du pavillon hongrois de Géza Rintel Maróti, un édifice de style Sécession viennoise orné de mosaïques. L'architecte et designer vénitien Carlo Scarpa a apporté sa griffe à plusieurs reprises entre 1948 et 1972. Il améliora notamment le pavillon italien de Duilio Torres datant de l'époque fasciste (1932), actuel Palazzo delle Esposizioni. On lui doit aussi l'audacieux pavillon vénézuélien (1956), en béton brut et en verre, et la Biglietteria (billetterie) en forme d'insecte. L'ajout le plus récent est le pavillon australien, conçu par l'agence d'architecture Denton Corker Marshall en 2015 ; cela faisait 20 ans qu'aucun pavillon n'avait été construit. Ce cube de granit noir caché au milieu des feuillages évoque la spoliation des terres des Aborigènes par les colons. Malheureusement, ce secteur n'est accessible que pendant les biennales et d'autres manifestations spéciales.

(1591-1592) de Palma le Jeune ou le *Baptême du Christ* de Cima da Conegliano (1498), pièce maîtresse de cette église où fut baptisé Antonio Vivaldi. (San Zaccaria, Arsenale)

Chiesa di San Francesco della Vigna

ÉGLISE

8 PLAN P. 154, D1

L'église (1534), comme le *campo* sur lequel elle est érigée, doivent leur nom à une vigne qui aurait été donnée aux Franciscains par le fils du doge Pietro Ziani en 1253.

Plusieurs doges y reposent, dont Andrea Gritti (1455-1538), commanditaire de l'édifice qui fut conçu d'après un projet de Sansovino. La façade est l'œuvre de Palladio. L'intérieur accueille de splendides chapelles et d'émouvantes peintures, dont une *Madone entourée de saints*, de Giovanni Bellini (œuvre de 1507). Descendez six marches au bout du bras gauche du transept pour l'observer. Le bras droit du transept abrite le chef-d'œuvre de l'église, une *Vierge trônant en adoration devant l'Enfant Jésus* (1455), rare et splendide œuvre d'Antonio da Negroponte. (041 522 24 76 ; Campo San Francesco della Vigna ; 8h-12h30 et 15h-18h ; Celestia)

Arsenal

ENSEMBLE MONUMENTAL

9 PLAN P. 154, E3

D'après la tradition, l'immense chantier naval où furent fabriqués pendant des siècles les vaisseaux de guerre de la République de Venise aurait été fondé en 1104. Si l'on parle depuis longtemps de le reconvertir, il s'agit aujourd'hui encore d'une zone militaire. À moins que votre visite ne coïncide avec la Biennale ou l'une des journées d'ouverture exceptionnelle au public (www.comune.venezia.it/it/content/visitare-larsenale), vous ne verrez que sa magnifique **Porta Magna**. Surmontée d'un lion de saint Marc, elle est souvent considérée comme le plus ancien exemple d'architecture Renaissance à Venise. Elle date probablement de 1460. Une plaque commémorant la victoire de Lépante de 1571 fut ajoutée par la suite. La terrasse entourée de murs remonte à 1692. Au pied des statues se tient une rangée de lions sculptés. Le plus grand fut dérobé en Grèce par le doge Francesco Morosini (1619-1694). Sur le flanc gauche de la bête, des runes vikings ont été laissées par des mercenaires scandinaves (membres du corps d'élite de l'armée byzantine), qui se vantent d'avoir aidé Byzance à mater une rébellion grecque. Un autre lion, attribué à Bartolomeo Bon, surmonte l'entrée. À côté, la porte maritime s'ouvre entre deux tours reconstruites en 1686 lors de

Chiesa di San Francesco della Vigna

travaux d'agrandissement. Du haut de la passerelle en bois qui la précède, vous pourrez apercevoir la *Darsena Vecchia*, bordée de hangars en pierre. (Arsenale)

Museo Storico Navale

MUSÉE

10 PLAN P. 154, E4

Deux grandes ancres marquent l'entrée du Museo Storico Navale. Dans les anciens greniers de la Sérénissime, les 42 salles de ce musée d'histoire maritime sont dédiées à la passion de la mer. On y trouve aussi des armes impressionnantes et des dioramas du XVIIe siècle représentant les ports et les forteresses de la République autour de la

Ouvriers à l'Arsenal

La cloche du campanile de Saint-Marc porte le nom de Marangona, car elle rythmait les horaires des *marangoni* (charpentiers) de l'Arsenal. Ces 1 500 à 2 000 *arsenalotti*, comme on les appelait aussi, formaient une corporation de militaires-ouvriers instituée par la République. Gardiens des secrets du chantier naval, ils vivaient dans des maisons arborant sur la porte la fonction du chef de famille. On en voit sur la Fondamenta dei Penini, le long du canal qui entoure l'enceinte ouest de l'Arsenal.

L'*arsenalotto* était un ouvrier privilégié : son poste, qu'il héritait de son père, était garanti en cas de crise économique ou de catastrophe naturelle (peste, par exemple), il pouvait récupérer les rebuts de la production, et avait droit à une certaine quantité de vin par jour. Il se constituait une pension de retraite, qui, en cas de décès, était versée à sa femme. En cas de suppression de poste, il n'était pas licencié, mais réorienté sur d'autres missions : briser la glace des canaux en hiver, éteindre les incendies ou construire les charpentes des églises ou d'autres édifices – comme celle de la salle du Grand Conseil du palais des Doges, faite avec un système d'encastrements, sans clous.

Sur le plan politique, il était fondamental d'avoir les *arsenalotti* de son côté afin de disposer d'hommes forts et combatifs. Daniele Manin le savait bien : lors de la révolution de 1848 (voir encadré, p. 61), il se plaça immédiatement à leur tête pour chasser les Autrichiens de la ville.

Méditerranée. Le 2e étage est consacré à l'histoire de la Marine militaire italienne, et le 3e aux gondoles, dont celle de Peggy Guggenheim. Au **Padiglione delle Navi** (pavillon des Navires), installé dans les trois bâtiments de l'atelier des rames de l'Arsenal donnant sur les Fondamenta della Madonna, on peut voir de superbes vaisseaux historiques, dont le *Scalé Reale*, réservé aux cérémonies. Les passionnés de bateaux et les enfants seront aux anges. (041 244 13 99 ; Castello, Riva San Biagio 2148 ; www.visitmuve.it ; tarif plein/réduit 10/7,50 € ; 11h-17h ; Arsenale)

Giardini di Castello e della Biennale PARC ET PAVILLONS

11 PLAN P. 154, H6

Les premiers jardins publics de Venise furent créés entre 1808 et 1812 sur l'ordre de Napoléon, et qu'importe s'il fallut pour cela raser tout un quartier d'habitations, quatre églises, et assainir des hectares de zones marécageuses ! Les *giardini* s'étendent aujourd'hui de la Via Garibaldi jusqu'à Sant'Elena, englobant le monument à Garibaldi, les jardins tracés à l'époque napoléonienne et les pavillons de la **Biennale** (voir encadré, p. 162). Ne manquez pas le **Monumento alla Partigiana Veneta** (dédié aux résistantes vénitiennes) d'Augusto Murer, un bronze de 1 200 kg, monté sur plusieurs plateformes en pierre d'Istrie au ras de l'eau (quand la marée ne les submerge pas), signées Carlo Scarpa.

À l'extrême est des jardins, sur l'**île de Sant'Elena**, un parc commémoratif planté de pins parasols salue la mémoire des soldats tombés durant la Première Guerre mondiale. C'est un lieu paisible surplombant une vue idyllique sur le Bacino di San Marco. (Giardini)

Campo San Pietro di Castello

PLACE

12 PLAN P. 154, H3

Si vous voulez comprendre précisément pourquoi les places de Venise s'appellent des *campi*, (voir l'encadré p. 119), rendez-vous à l'extrême est de la ville, dans l'île d'**Olivolo**. Désormais rattachée au tissu urbain, l'île est reconnaissable à sa forme circulaire. Son nom viendrait d'ailleurs de la forme d'une olive,

PIXINOO/SHUTTERSTOCK ©

Entrée de l'Arsenal (p. 163)

ou de la présence d'une oliveraie disparue. Il s'agit à coup sûr de l'une des premières implantations qui contribuèrent à la formation de la ville.

Pour s'y rendre, le plus simple est de poursuivre après la Via Garibaldi (p. 167), de franchir le long Ponte di Quintavalle, en bois, puis de suivre la Calle Drio el Campaniel. Vous vous retrouverez sur une place presque entièrement couverte d'herbe : c'est le Campo San Pietro. Il est dominé par un élégant **campanile** du XVe siècle de Mauro Codussi (p. 30), l'un des plus harmonieux de Venise, en pierre blanche d'Istrie, et par la **Basilica di San Pietro di Castello** (041 275 04 62 ; tarif plein/réduit 3/2 € ou Chorus Pass ; 10h30-13h30 et 14h30-17h).

Certes, même si elle ne manque pas d'intérêt, cette église ne compte pas parmi les édifices religieux les plus impressionnants de la ville. Et pourtant, ce fut la cathédrale de Venise de 1451 à 1807, lorsque Napoléon jugea, avec raison, que la basilique Saint-Marc serait un choix plus judicieux.

Fondée au VIIe siècle (elle abrita le siège de l'évêché byzantin dès 775), Saint-Pierre fut reconstruite presque mille ans plus tard par un disciple de Palladio, d'où la façade classique et le grand dôme que l'on voit aujourd'hui.

L'intérieur en croix latine, vaste et richement décoré, conserve des œuvres du Tintoret, de Véronèse, et de Baldassare Longhena.

Observez le trône de saint Pierre qui, selon la légende, aurait été utilisé par l'apôtre à Antioche et aurait renfermé le Saint-Graal. C'est en fait assez peu probable car le dossier sculpté provient d'une pierre tombale musulmane postérieure de plusieurs siècles à la mort de Pierre. (Giardini, San Pietro)

Se restaurer

Didovich

PÂTISSERIE €

13 PLAN P. 154, A1

La maison a fait l'histoire de la pâtisserie vénitienne en intégrant l'héritage gourmand de l'occupant autrichien. Giovanna, qui perpétue la tradition familiale, y a ajouté des *sfogliatelle* napolitaines (cônes feuilletés), des *tramezzini* et des quiches gourmandes. (041 523 00 17 ; Campo Santa Marina 5909 ; 7h-19h30 lun-sam ; Rialto)

Al Portego

BACARO €

14 PLAN P. 154, A1

Une adresse prisée par la jeunesse, mais pas seulement... On peut manger à table dans la partie trattoria ou grignoter quelques *cicheti* debout près d'un tonneau. (041 522 90 38 ; www.osteriaalportego.org ; Calle della Malvasia 6014 ; cicheti 1-3 € ; 11h-15h et 17h30-22h ; Rialto)

Osteria da Pampo

OSTERIA €€

15 PLAN P. 154, H6

La cuisine ligurienne rencontre celle de Venise dans cette *osteria* sans façons qui a fait de la courtoisie sa carte de visite. L'été, régalez-vous de pâtes aux coques sur les tables disposées à l'extérieur. (041 520 84 19 ; www.osteriadapampo.com ; Calle Chinotto 24 ; repas 25 € ; 12h-22h ; Sant'Elena)

Al Diporto

TRATTORIA €€

16 PLAN P. 154, H6

Près de la base nautique de Sant'Elena, cette trattoria sans façons, dont le service est parfois un peu rugueux, est connue pour sa soupe de poissons et sa friture exclusivement à base de calamars. C'est peut-être l'adresse la plus excentrée que nous vous proposons : elle se trouve à la limite du quartier de Sant'Elena.

Via Garibaldi, authentique et animée

La rue qui relie la Riva dei Sette Martiri (p. 153) à la zone de San Pietro di Castello, plongeant au cœur du *sestiere*, reste fidèle à son caractère populaire, malgré la récente multiplication de bars aux terrasses parfois un peu envahissantes : c'est l'un des quartiers les plus authentiques de la ville. Ouverte pendant la domination napoléonienne, elle s'appelait alors Via Eugenia, du nom du beau-fils du général Bonaparte, Eugène de Beauharnais. Elle est issue du comblement du Rio di Sant'Anna, qui existe cependant toujours. Il émerge au bout de la rue et abrite l'une des dernières *barche della frutta*, primeur flottant. Créé en 1807 aux deux tiers de cette perspective, le Viale Garibaldi est une sorte d'allée qui traverse les premiers jardins publics ouverts en ville – on y croise la statue de Garibaldi, artisan de l'unité italienne – et aboutit à l'élégante serre, qui abrite aussi un bar.

Caractérisée par une vie de quartier intense et animée, la Via Garibaldi s'enflamme encore davantage à l'heure de l'apéritif. Vous aurez l'embarras du choix, mais voici quelques suggestions. **El Refolo** (plan p. 154, F5 ; Via Garibaldi 1580, petits sandwichs 2,40-3,50 € ; 12h-minuit mar-dim) qui propose de petits sandwichs tout simples, **Strani** (plan p. 154, F5 ; 041 847 59 11 ; Via Garibaldi 1582 ; sandwichs et burgers 7-9 € ; 12h-2h mer-lun), qui cuisine presque tout sur place, de la morue au pulled pork à basse température, et **Ai Nevodi** (plan p. 154, F4 ; 041 241 11 36 ; Via Garibaldi 1788 ; cicheti 1,50-2 € ; 12h-minuit), joyeuse *osteria* contemporaine qui sert viande et poisson. Si vous cherchez un bar à vins convivial, à l'atmosphère jeune et absolument pas compassée, essayez les vins naturels et les tartines de **Basegò** (plan p. 154, F5 ; 041 865 53 58 ; Via Garibaldi 1762 ; 16h-23h lun, 11h-23h mar-dim).

(041 528 59 78 ; Calle Monte Cengio 25-27 ; 12h-15h et 18h-22h ; repas 30 € ; Sant'Elena)

Al Vecio Canton

TRATTORIA, PIZZERIA €€

17 PLAN P. 154, B3

Dans un cadre intimiste, doté d'une galerie à l'étage, les convives dégustent selon la saison et l'inspiration du cuisinier de généreuses assiettes de pâtes au poisson, à l'encre de seiche ou autres recettes. Au printemps, les *castraùre* (première floraison des artichauts violets de l'île de Sant'Erasmo) figurent toujours sur la carte. Bonnes pizzas également. (041 528 71 43 ;

www.veciocanton.it ; Rugagiuffa 4738/A ; repas 35 € ; 12h-15h et 18h30-22h mer-lun ; San Zaccaria)

CoVino RESTAURANT €€€

18 PLAN P. 154, D3

Un vrai petit *covo* ("repaire"), dont le V majuscule souligne la passion d'Andrea Lorenzon pour le vin. Clients, chefs et serveurs sont au coude à coude dans une salle qui accueille aussi la cuisine. Combinaisons de saveurs et présentations créatives. Pensez à réserver. (041 241 27 05 ; www.covinovenezia.com ; Castello 3829 ; déj 38 €, dîner 40 €, plat + dessert 27 € ; 12h45-14h30 et 19h-22h30 jeu-lun ; Arsenale, San Zaccaria)

Serra dei Giardini

FILIP ART/SHUTTERSTOCK ©

Trattoria da Remigio TRATTORIA €€€

19 PLAN P. 154, C3

L'endroit où les Vénitiens viennent fêter les grandes occasions. Anchois à la grecque, soupes de poisson ou *gnocchetti alla granseola* (à l'araignée de mer). Il est vivement conseillé de réserver. (041 523 00 89 ; Salizada dei Greci 3416 ; repas 50-60 € ; 12h30-14h15 lun, 12h30-14h15 et 19h30-21h45 mer-dim ; San Zaccaria, Arsenale)

Ristorante Pensione Wildner RESTAURANT €€€

20 PLAN P. 154, C4

La terrasse de la Pensione, propriété de la famille Fullin depuis 1860, quand Venise était encore sous domination autrichienne, est une oasis de calme dans l'agitation de la Riva degli Schiavoni. Vous y mangerez un excellent poisson en sirotant, pourquoi pas, un gin-tonic. Le lieu est le grand frère, mais moins connu, du Ristorante Local. (041 241 11 28 ; www.ristorantelocal.com/wildner ; Riva degli Schiavoni ; 55-65 € ; 12h-15h et 19h-22h30 lun-jeu, jusqu'à minuit ven-dim, apéritif à partir de 18h jeu-lun ; San Zaccaria)

Prendre un verre

Serra dei Giardini BAR, RESTAURANT

21 PLAN P. 154, G5

Cette serre restaurée accueille un fleuriste et un bar avec jardin,

Visages de pierre

De grands mascarons, ces masques de pierre aux formes étranges, effrayantes ou caricaturales, décorent de nombreux porches, portes, arcs de fenêtres, ponts et corniches de Venise. La Ca' Pesaro (p. 117) en offre un riche échantillon. De même, l'entrée du campanile de la Chiesa di Santa Maria Formosa (p. 156) arbore un exemplaire particulièrement célèbre représentant un visage masculin déformé. Outre leur fonction décorative, ces sculptures jouaient un rôle bien précis, apparu au Moyen Âge mais surtout développé à l'époque baroque. En ces temps obscurs, l'influence du diable et son immixtion dans la vie des hommes sous les formes les plus sournoises et les plus malignes étaient rappelées aux fidèles à travers les bas-reliefs et les tableaux des églises. Plus tard, on chercha plutôt à s'en prémunir au moyen de ces sortes d'"épouvantails", qui stimulèrent la créativité des artistes et des tailleurs de pierre appelés à concevoir des faces effrayantes ou moqueuses propres à éloigner le démon. Les mascarons du pont des Soupirs (p. 59) sont une exception : ils symbolisaient par leur laideur l'abjection des criminels qui le traversaient pour rejoindre la prison.

où il fait bon prendre un café pendant que les enfants jouent sur la pelouse. Des initiatives culturelles y sont souvent organisées. (041 296 03 60 ; www.serradeigiardini.org ; Viale Garibaldi 1254 ; 10h-20h ; Giardini)

Inishark — PUB

22 PLAN P. 154, A2

Un vrai pub irlandais qui garde pourtant l'atmosphère d'un bar de quartier. Il diffuse des rencontres sportives, en particulier tous les les matchs de foot et de rugby européens, ce qui lui vaut une clientèle de locaux et d'étrangers, la plupart anglo-saxons. (041 523 53 00 ; www.inisharkpub.com ; Calle del Mondo Novo 5787 ; bières 5-6,50 € ; cocktail 7-10 € ; 18h-1h30)

Mascareta — BAR À VINS

23 PLAN P. 154, B2

Les plats proposés ici sont excellents, mais ce bar est également très agréable pour siroter un bon verre de vin, même tard, à prendre éventuellement à l'extérieur, assis sur des fauteuils de cinéma récupérés. (041 523 07 44 ; Calle Lunga Santa Maria Formosa 5183 ; 19h-2h ; repas 50 € ; San Zaccaria)

In Paradiso

BAR, BUFFET

24 PLAN P. 154, H6

L'été, sur la terrasse, quand la brise marine vous effleure et que le regard embrasse le sud de la lagune, le "Paradis" porte bien son nom. (041 241 39 72 ; www.inparadiso.net ; Giardini della Biennale 1260 ; repas 30-45 € ; cuisine 12h-21h mar-dim ; Giardini)

Sortir

Laboratorio Occupato Morion

ESPACE AUTOGÉRÉ

25 PLAN P. 154, D2

Dans la Venise de carte postale que nous connaissons tous, cet îlot de militantisme, de socialité et de partage résiste vaillamment depuis 1990, et c'est tant mieux. Au programme : soirées musicales et artistiques, mais aussi pizzas 100% locales, vin bio et bières de qualité. (www.facebook.com/laboratorioccupatomorion ; www.globalproject.info ; Salizada San Francesco della Vigna ; variables, mais presque toujours 19h-2h ven ; Celestia)

Shopping

e(ry)nice

BIÈRES ARTISANALES

26 PLAN P. 154, A1

Boutique récente, et très bien fournie, de bières artisanales des origines les plus diverses. Des bouteilles fraîches de bières à emporter sont également disponibles. (041 822 71 33 ; Corte Spechiera 6014/B ; 11h-19h lun-sam ; Rialto)

Kalimala

CHAUSSURES

27 PLAN P. 154, A2

Sandales, mocassins, bottines, chaussures de bateau de toutes les couleurs et à prix accessibles (100-160 €), fabriqués à la main à Venise dans des cuirs italiens de haute qualité. (041 528 35 96 ; kalimala.net ; Salizada San Lio 5387 ; 9h30-19h30 lun-sam, 10h30-19h30 dim avr-déc ; Rialto)

Rimani

BOUTIQUE BIO

28 PLAN P. 154, C1

Alimentation, savons, produits ménagers : tout est biologique, et surtout en vrac, sans emballages, pour un impact environnemental minimal. Mais vous y trouverez aussi de jolis T-shirts et des cabas déclinant des thèmes vénitiens. (041 237 52 19 ; Barbaria de le Tole 6443 ; 9h30-18h30)

Libreria Editrice Filippi

LIBRAIRIE

29 PLAN P. 154, A2

Cette librairie de la Calle del Paradiso est une vraie mine d'or pour dénicher des livres d'art, d'histoire et d'autres curiosités sur Venise. (041 523 56 35 ; Castello 5763 ; 9h30-12h et 15h30-19h lun-sam ; Rialto)

Catamaran de Venezia Cat

Antichità San Basso ANTIQUAIRE

30 PLAN P. 154, A1

Si vous aimez les antiquités mais aussi le charme des cabinets de curiosités que seules certaines boutiques parviennent à recréer, vous êtes au bon endroit. (041 522 40 20 ; www.sanbasso.com ; Campo Santa Maria Nova 6066 ; 9h30-12h30 et 15h30-19h lun-sam)

Activités

Venezia Cat SORTIES EN CATAMARAN

31 PLAN P. 154, E5

De la Riva degli Schiavoni (p. 153), partez en catamaran pour une sortie en mer (40-80 €), pour faire du yoga sur les flots ou pour un romantique apéritif à bord. Un mot d'ordre : oubliez le stress ! (www.venezia-cat.it)

Explorer
îles du Nord

Lorsqu'on s'éloigne de la ville vers le nord, le paysage de la lagune est peu à peu marqué par les vastes étendues des lais, ces îlots marécageux couverts de touffes d'herbe. Ils cachent de magnifiques villages insulaires, souvenirs de l'époque où, de Grado à Comacchio, la côte adriatique était un pivot entre l'Occident et l'Orient chrétien et, plus tard, entre la Mitteleuropa et la Méditerranée. Certains témoignages historiques et artistiques sont aussi beaux et importants que ceux de la Sérénissime.

Notre sélection

- ***Torcello (p. 174)****. Une immersion dans le silence et l'histoire de sa très ancienne basilique.*
- ***Murano (p. 177)****. Pour être émerveillé par les jeux de lumière entre l'eau et le verre.*

Comment y aller

Voir l'encadré p. 178

Plan des îles p. 176

Burano KAVALENKAVA/SHUTTERSTOCK ©

Les incontournables

Profiter d'une oasis d'histoire et de spiritualité à Torcello

Sur l'île de Torcello, les moutons sont plus nombreux que les habitants ! Pourtant, cette île délicieuse fut jadis une cité byzantine de 20 000 âmes, rivale de Venise, avant que des épidémies de paludisme déciment sa population. Ne reste de ce passé grandiose que la basilique, immergée dans la verdure et le silence d'une île perdue sur l'eau.

PLAN P. 176, E1

Torcello : ligne 9 depuis Burano. Pour rejoindre Torcello depuis Venise, passez nécessairement par Burano (p. 180) avec la ligne 12.

Basilica di Santa Maria Assunta

La structure massive de cette église est visible de plusieurs endroits de la lagune. Fondée en 639 sur ordre de l'exarque de Ravenne Isaac, comme l'atteste une inscription à l'intérieur, la **basilique** (☎ 041 73 01 19 ; tarif plein/réduit 5/4 €, billet combiné avec le musée 8/6 € ; 🕒10h30- 17h30 mars-oct, 10h-16h30 nov-fév ; visite guidée toutes les 45 min avr-oct) était une cathédrale à l'époque où Torcello était un diocèse. L'intérieur est recouvert de mosaïques, réalisées jusqu'au XIIIe siècle à la feuille d'or, et que l'on peut admirer pendant des heures. Admirez *Vierge Odigitria* dans l'abside centrale, le *Christ Pantocrator* dans la chapelle de droite et le *Jugement dernier* sur la contre-façade, et cherchez les inscriptions en latin et grec mêlés de vénitien. Devant la façade, notez les vestiges du baptistère du VIIe siècle, une construction circulaire à colonnes de style romain.

Trône d'Attila

Sur la place de l'église, on trouve le fameux **trône d'Attila**, sur lequel le chef des Huns se serait assis, après avoir conquis la lagune. En réalité, il s'agit probablement d'une chaire ecclésiastique, très ancienne.

Musée de Torcello

Découvrez l'histoire de l'île au **Museo di Torcello** (☎ 041 73 07 61 ; www.museoditorcello.cittametropolitana.ve.it ; Piazza Torcello ; tarif plein/réduit pour groupes d'au moins 10 pers 3 /1,50 €, avec la basilique 8 /6 €, basilique et campanile 12 €/10 € ; 🕒10h30 17h30 mar-dim, avr-oct, 10h30-17h nov-mars). Il est installé dans le Palazzo dell'Archivio (XIIe siècle) et dans celui du Consiglio (XIIIe siècle) : le premier abrite la section archéologique, le second les sections médiévale et moderne.

★ À savoir

- Dormir sur l'île est une expérience très particulière. En plus de la Locanda Cipriani (ci-dessous), vous trouverez un ou deux B&B.
- Combinez art et activités sur la lagune au **Museo Casa Andrich** (www.museoandrich.com) où des parties de pêche et des excursions dans les marais salants y sont organisées.
- N'oubliez pas le **Campanile** (5 €) : la vue est spectaculaire !

Une petite pause ?

Excellent restaurant, la **Locanda Cipriani** (☎ 041 73 01 50 ; www.locandacipriani.com ; Piazza Santa Fosca 29 ; repas 80 € ; 🕒12h-15h mer-lun, et 19h-21h ven-sam, fermé en jan) qui garde le souvenir d'Hemingway, habitué à venir dans la lagune nord pour chasser le canard et boire de l'Amarone de Valpolicella, vin rouge qu'il chérissait.

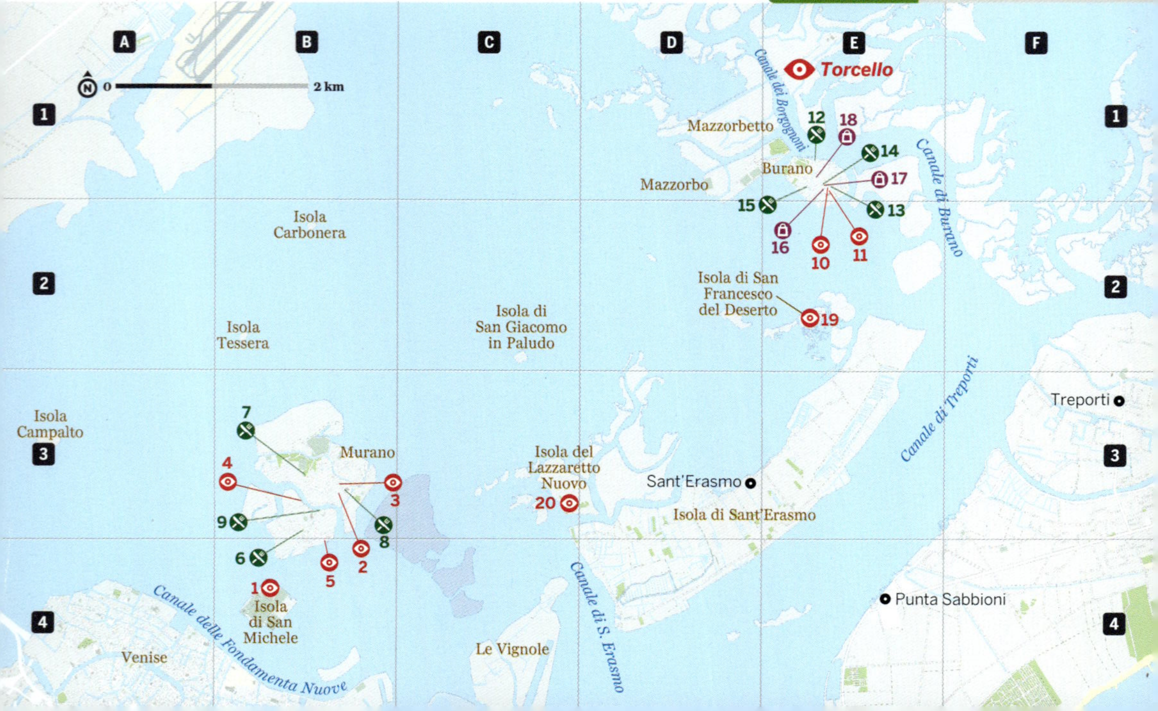
A
B
C
D
E
F
1
2
3
4
0
2 km
Torcello
Canale dei Borgognoni
Mazzorbetto
Mazzorbo
Burano
Canale di Burano
12
18
14
17
15
13
16
10
11
Isola di San Francesco del Deserto
19
Isola Carbonera
Isola Tessera
Isola di San Giacomo in Paludo
Isola Campalto
Murano
7
4
3
9
8
6
2
5
1
Isola di San Michele
Canale delle Fondamenta Nuove
Venise
Isola del Lazzaretto Nuovo
20
Le Vignole
Canale di S. Erasmo
Sant'Erasmo
Isola di Sant'Erasmo
Canale di Treporti
Treporti
Punta Sabbioni

San Michele

Voir

Chiesa di San Michele in Isola et Cimetero di San Michele ÉGLISE, CIMETIÈRE

1 PLAN P. 176, B4

Cette île à mi-chemin de Murano est fréquentée depuis le Xe siècle : on y érigea une petite église dédiée à l'archange saint Michel. Agrandi et reconsacré à plusieurs reprises, l'ensemble devint un monastère vers la moitié du XIIe siècle, puis une florissante abbaye. On termina le cloître (1466), on rehaussa le clocher (1456), puis l'on commença à façonner l'église telle qu'elle existe aujourd'hui. En 1479, à la fin des travaux dirigés par Mauro Codussi, elle comptait parmi les plus belles constructions de Venise. Sa façade sobre et immaculée se compose de claveaux en pierre calcaire d'Istrie. L'intérieur est tout aussi harmonieux, mais comporte un élément original : l'entrée est surmontée d'un **barco** (tribune) sur toute sa largeur. Notez au centre du plafond à caissons une rosace gravée et dorée.

Au XIXe siècle, l'île fut choisie pour accueillir le cimetière de Venise. Elle fut modifiée au cours du siècle et réunie à une autre île toute proche, San Cristoforo. L'église de Codussi et le monastère sont aujourd'hui intégrés au cimetière, réalisation de l'architecte Annibale Forcellini. Il mérite une longue et paisible promenade. Y reposent notamment Ezra Pound, Serge Diaghilev, Igor Stravinsky, Luigi Nono ou Joseph Brodsky. Le carré (*recinto*) protestant est imposant. (7h30-16h30 en hiver, 7h30-18h en été ; Cimitero)

Murano

Voir

Museo del Vetro MUSÉE

2 PLAN P. 176, B3

Dans le majestueux Palazzo Giustinian, autrefois siège de l'évêché de Torcello, le musée du Verre abrite des vestiges d'époque romaine et des chefs-d'œuvre d'art verrier, du XIVe siècle à nos jours. Dans la boutique, livres et bijoux de verre. (041 243 49 14 ; museovetro.visitmuve.it ; Fondamenta Giustinian 8 ; tarif plein/réduit 10/7,50 € ou MUVE Museum Pass ; 10h-16h30 tlj nov-mars, 10h30-18h tlj avr-oct ; Museo)

Basilica dei Santi Maria e Donato BASILIQUE

3 PLAN P. 176, B3

Cette église, probablement fondée au VIIe siècle, présente un superbe chevet doté de deux niveaux d'arcades à doubles colonnes. À l'intérieur, l'abside arbore une imposante mosaïque consacrée à la Vierge. Au sol, le dallage en mosaïque (1140) déploie un rare bestiaire d'inspiration orientale. Derrière l'autel, notez les os légendaires d'un féroce dragon tué par San Donato (des os de baleine, en réalité).

(Duomo di Murano ; 041 73 90 56 ; Campo San Donato, Murano ; 9h-18h lun-sam, 12h30-18h dim ; Museo)

Palazzo da Mula BÂTIMENT HISTORIQUE

4 PLAN P. 176, B3

Ce spectaculaire palais gothique vénitien affiche toutes les étapes de son histoire. Les briquettes de ses façades, par exemple, sont du XIIe siècle et proviennent du bâtiment d'origine. Les blasons sont quant à eux aux familles qui en furent propriétaires : au Moyen Âge, nombre de nobles optèrent pour une résidence à Murano, convaincus que les fours des verreries rendaient l'air plus salubre. (Da Mula)

Faro di Murano PHARE

5 PLAN P. 176, B4

Visible de très loin, ce phare existe depuis le Moyen Âge ; alors en bois, il réfléchissait la lumière d'un feu allumé à son sommet grâce à un savant jeu de miroirs. Aujourd'hui en pierre d'Istrie, il guide toujours les bateaux pour entrer dans la lagune. (Faro)

Se restaurer

Ai Cacciatori BAR €

6 PLAN P. 176, B3

De belles tables en bois, des sandwichs et des *tramezzini*

Comment rejoindre les îles du Nord

- **Murano et San Michele** Les liaisons les plus régulières sont assurées par la ligne DM (Diretto Murano), au départ du Piazzale Roma, et les lignes nos4.1 et 4.2, au départ de Fondamente Nove. L'île est aussi accessible depuis l'aéroport Marco Polo (ligne bleue du *vaporetto* Alilaguna). Pour aller à Burano (et Torcello) de Murano, prenez la no12 à Faro. Les nos4.1 et 4.2 s'arrêtent aussi à San Michele.
- **Sant'Erasmo et Le Vignole** De Fondamente Nove, le *vaporetto* no13 conduit à l'île-potager via Murano (arrêt Faro). Il s'arrête aussi au **Lazzaretto Nuovo** à certains créneaux horaires et sur demande.
- **Burano et Mazzorbo** De Fondamenta Nuove, la traversée en *vaporetto* jusqu'à Burano dure 50 minutes, via la ligne LN (Laguna Nord) et la no12. Toutes deux font halte à Mazzorbo, via Murano Faro.
- **Torcello** La ligne no9 (de Burano) est la seule desservant Torcello.
- **San Francesco del Deserto** De Burano, **Laguna Fla** (347 992 29 59 ; www.lagunaflaline.it ; Via San Mauro 298, Burano ; tarif plein/-10 ans 10/5 € aller-retour ; départ 14h30, retour 15h50 mar-dim ; liaisons saisonnières, avec réservation obligatoire et un minimum de 4 passagers) vous invite à voyager à bord d'une embarcation traditionnelle restaurée. La compagnie assure aussi la liaison Altinum-Torcello-Burano.

FREDP/SHUTTERSTOCK ©

Murano

(1,70 €) dans une salle à l'ancienne fréquentée notamment par les maîtres-verriers des alentours. (☎339 200 68 34 ; Fondamenta dei Vetrai 69 ; 🕒6h-21h lun-sam, 8h-17h dim ; ⛴Colonna)

La Perla (Ai Bisatei) TRATTORIA €€

7 PLAN P. 176, B3

Hors des circuits touristiques, cette petite *osteria* jouit d'une atmosphère vraiment authentique. Les menus de viande et de poisson sont simples et savoureux. (☎041 73 95 28 ; Campo San Bernardo 1 ; repas 30 € ; 🕒10h-15h jeu-mar ; ⛴Venier)

Al Duomo TRATTORIA €€

8 PLAN P. 176, B3

Après avoir visité la Basilica dei Santi Maria e Donato (ou Duomo), vous pourrez vous asseoir dans le grand jardin intérieur de cette trattoria, ou dans la salle, et savourer des spécialités vénitiennes (en saison, essayez les *moeche* frites, des crabes en mue, sans carapace). Pizza également. Très fréquenté mais agréable. (☎041 527 43 03 ; www.osteriaalduomo.com ; Fondamenta Antonio Maschio 20 ; repas 30-35 € ; 🕒11h-22h ; ⛴Museo)

Busa alla Torre TRATTORIA €€€

9 PLAN P. 176, B3

Malgré sa collection de macarons de guides gastronomiques, cette trattoria n'a pas perdu son atmosphère populaire d'origine. Bonne raison pour découvrir les suggestions de Lele sur l'ardoise extérieure. (☎041 73 96 62 ; Campo

Vignes

Les vignes qui autrefois poussaient à Venise reverdissent à nouveau le paysage grâce à l'association **Laguna nel Bicchiere** (www.lagunanelbicchiere.it), qui s'emploie à les valoriser. Le projet comprend notamment la cave et le vignoble de San Michele in Isola, dans l'ancien couvent franciscain.

À Mazzorbo, **Venissa** (plan p. 176, D1 ; 041 527 22 81 ; www.venissa.it ; F.ta Santa Caterina 3) a ouvert la voie et est aujourd'hui un restaurant étoilé à l'ambiance enchanteresse.

Santo Stefano 3 ; repas 50 € ; 11h30-15h45 ; Faro, Colonna)

Mazzorbo

Reliée à Burano par le Ponte Longo, l'île de **Mazzorbo** (plan p. 176, D1) est une oasis de paix où l'on peut retrouver les traces de la vie d'autrefois dans la lagune. Elle comptait auparavant de nombreux lieux de culte, dont il ne reste que le splendide **Complesso di Santa Caterina** (8h30-18h30 ; Mazzorbo). Sa forme actuelle date du XVIIe siècle, mais il existe depuis le XIIe siècle (voire le VIIIe siècle pour certains historiens). Son campanile décoré mérite une longue observation. L'intérieur, dépouillé, laisse place au recueillement, porté par le calme feutré de la lagune.

Burano

Avec ses maisons colorées, Burano respire la gaieté. L'idée de les peindre ainsi vient des pêcheurs, qui avaient besoin de repérer leur domicile dans le brouillard, souvent épais par ici.

Voir

Museo del Merletto

MUSÉE

10 PLAN P. 176, E1

Si la verrerie a fait la réputation de Murano, Burano doit la sienne à la dentelle (*merletto*). Ce musée en retrace l'histoire à travers une centaine de pièces du XVIe au XXe siècle, collection de la Scuola dei Merletti de Burano, fondée en 1872 pour relancer cet artisanat d'art, autrefois très lucratif. Peut-être verrez-vous même dans la dernière salle une ou plusieurs dentellières au travail. (041 73 00 34 ; museomerletto.visitmuve.it ; Piazza Galuppi 187 ; tarif plein/réduit 5/3,50 € ; 10h-16h mar-dim ; Burano)

Via et Piazza Baldassare Galuppi

RUE ET PLACE

11 PLAN P. 176, E1

Dédiées au compositeur Baldassare Galuppi (1706-1785), dit le Buranello, cette rue et cette place sont le cœur de la vie de Burano. Touristes et habitants s'y mêlent dans un flot continu, entre les restaurants et les boutiques de dentelle. La place est bordée par la **Chiesa di San Martino** (041 73 00 96 ; Piazza Galuppi ; 8h-12h et 15h-19h), un édifice du XVIe siècle qui abrite une *Crucifixion* (1725-1727) de Tiepolo et *La Fuite d'Égypte* (fin du XVIe siècle) de Giovanni Mansueti. La *Vierge de Kazan* (XIXe siècle), icône russe près de l'autel, est un chef-d'œuvre d'émaux. (Burano)

Se restaurer

Fritto Misto FRITURE €

12 PLAN P. 176, E1

Ici, on fait frire du poisson en permanence (avec des pommes de terre 10,50 €), mais on mange aussi des pâtes, dans une assiette comestible (en pâte à pain). Idéal pour attendre le bateau qui ramène à Venise ou celui qui conduit à Torcello. (041 73 51 98 ; Via San Mauro 312 ; repas 15-20 € ; 9h-19h nov-mars, 9h-20h avr-oct ; Burano)

Al Museo OSTERIA €€

13 PLAN P. 176, E1

Le chef étoilé Matteo Tagliapietra est revenu à Burano pour y ouvrir une *osteria* qui, sans vider votre portefeuille, satisfera votre palais avec des saveurs traditionnelles mises en valeur par un grand chef. (041 73 50 12 ; Piazza Baldassare Galuppi 113 ; repas 40 € ; 12h-15h30, et 19h15-21h15 ven-sam)

Trattoria da Romano RESTAURANT €€

14 PLAN P. 176, E1

À Burano, au début du XXe siècle. Romano Barbaro fit de sa trattoria un refuge pour les peintres. Ces derniers le gratifièrent de tableaux pour le remercier de sa bonne cuisine de la mer, laquelle a remarquablement traversé les âges dans ce restaurant-musée. Réservation conseillée. (041 73 00 30 ; www.daromano.it ; Via San Martino Destro 221 ; repas à partir de 40 € ; 12h-15h mer-lun oct-avr, 12h-15h et 18h-20h30 mer-sam et lun mai-sept ; Burano)

Al Gatto Nero RESTAURANT €€€

15 PLAN P. 176, E1

Optez pour le risotto *alla buranella*, fait avec des *ghiozzi* (gobies-lotes) ou des *paganéi*, deux petits poissons très savoureux. Avec son service attentif et son bel emplacement, le Gatto Nero est une bonne adresse depuis longtemps. (041 73 01 20 ; www.gattonero.com ; Via Giudecca 88 ; repas 40-60 € ; 12h30-15h mar-dim et aussi 19h30-21h mar, ven et sam ; Burano)

Shopping

Dalla Olga DENTELLE

16 PLAN P. 176, E1

Laissez-vous guider dans le monde de la dentelle par les femmes de ce magasin. Couvre-lits, napperons, nappes : chaque pièce a son histoire.

(☎041 73 02 83 ; Via Baldassare Galuppi 105 ; 🕒10h-18h mars-oct, 10h-17h nov-fév ; ⛴Burano)

Dalla Lidia Merletti d'Arte

DENTELLE

17 PLAN P. 176, E1

C'est une boutique, mais aussi un musée. Contemplez les cols des XVIe-XVIIe siècles, les chemins de table, les éventails, la robe de mariée de 1850 ou le mouchoir de Napoléon. (☎041 73 00 52 ; www.dallalidia.com ; Via Baldassare Galuppi 215 ; 🕒9h30-17h30 oct-mars, 9h30-18h30 avr-sept ; ⛴Burano)

Dolcezze Palmisano

BISCUITS

18 PLAN P. 176, E1

Les authentiques biscuits de l'île, les *essi buranei* (en forme de S), sont surtout faits à la maison, mais si vous voulez les goûter, venez ici. (☎ 041 73 00 60 ; Via Baldassarre Galuppi 670 ; 🕒7h30-19h)

San Francesco del Deserto

Voir

Convento di San Francesco del Deserto

19 PLAN P. 176, E2

Dès que l'on pose le pied sur l'île, proche de Burano et reconnaissable à ses cyprès, on est gagné par un sentiment de calme. S'y trouvent deux cloîtres splendides, une église qui garde les traces d'un édifice byzantin, et un oratoire où saint François lui-même s'arrêtait pour prier. Il y passa en effet au retour de la cinquième croisade et fut hébergé par le noble vénitien Jacopo Michiel, qui avait une maison sur l'île. Celui-ci légua toute sa fortune aux Franciscains, qui résident toujours sur l'île, ou plutôt qui y sont retournés en 1856, après l'avoir abandonnée 50 ans en raison des désacralisations napoléoniennes – c'est ainsi que l'île gagna son surnom : "du Désert". Le week-end, les frères accueillent toute personne désirant faire une retraite ici. ☎041 528 68 63 ; www.sanfrancescodeldeserto.it ; don libre ; 🕒9h-11h et 15h-17h mar-dim)

Sant'Erasmo

L'île de **Sant'Erasmo** (plan p. 176, D3), parmi les plus grandes de la lagune, a toujours eu une vocation agricole : on la surnomme le "potager de Venise". On apprécie particulièrement les *castraùre*, bourgeons de première floraison des artichauts cultivés ici, mais également tous les autres légumes, le raisin et le produit de sa fermentation (fête du Moût le 1er dimanche d'octobre) et autres délices, comme le miel de fleur d'artichaut. Par une journée ensoleillée, se promener sur l'île est une belle expérience : on est à la fois à la campagne et à la mer. Le côté sud-est de l'île donne sur les quais du port du Lido (p. 191) et sur une longue plage fouettée par la brise marine. (⛴Chiesa)

ANDREA BONFANTI/SHUTTERSTOCK ©

Santa Caterina, Mazzorbo (p. 180)

Lazzaretto Nuovo

Voir

Tezon Grande

20 PLAN P. 176, C3

Datant du XVIe siècle, cet entrepôt long de 100 m se trouve sur une île d'un grand intérêt historique. C'est là où faisaient étape les navires dont la cargaison était soupçonnée de véhiculer la peste. Ils étaient alors désinfectés par fumigation et mis en quarantaine. Aux murs, des inscriptions d'origine (faites à l'oxyde de fer mélangé à du blanc d'œuf) rappellent des événements de l'époque, de l'élection des doges à l'examen des scellés. Pour éviter d'égarer les marchandises au long des 40 jours, les *bastazi* (magasiniers) laissaient leur poinçon sur le mur afin de pouvoir identifier précisément l'endroit où ils les avaient entreposées. Cette île est de nos jours une zone de recherche fondamentale pour l'histoire de la lagune, livrant depuis des décennies des témoignages et des objets archéologiques de grand intérêt. (Ekos Club e Archeoclub d'Italia Onlus ; www.lazzarettiveneziani.it ; tarif plein/réduit 10/5 € ; visite guidée sur réservation sur le site à 16h sam mai-juil et sept-oct ; Lazzaretto Nuovo)

Explorer
Îles du Sud

La lagune méridionale s'étend à l'est et au sud de la Giudecca. Sur d'amples miroirs d'eau semblent flotter de petites îles, riches en art et en histoire, jadis occupées par des monastères, des hôpitaux, des fortifications. Certaines continuent à abriter des institutions religieuses, culturelles ou hôtelières, d'autres sont en proie à l'abandon. Le Lido et Pellestrina, quant à elles, font office de barrière contre les assauts de la mer. La seconde île semble un fil fragile jeté dans l'eau. La première est la station balnéaire de Venise, et elle vous enchantera par ses villages de pêcheurs et son architecture Liberty qui a servi de décor au film Mort à Venise *de Visconti.*

Notre sélection

- ***San Giorgio Maggiore (p. 186)***. *La grande île qui ferme le bassin de Saint-Marc.*
- ***Lido (p. 191)***. *Architectures élégantes et mondanités.*
- ***Tous à la plage (p. 200)***. *Activités balnéaires dans la lagune.*

Comment y aller

La ligne de **vaporetto** n°2 va à San Giorgio ; la n°20, à San Servolo et à San Lazzaro ; les nos 1 et 2 et le **ferry** n°12 vont au Lido. De là, le **bus** de la ligne n°11 embarque sur le ferry à destination de Pellestrina depuis l'arrêt de *vaporetto* Lido SME (arrêts Alberoni, Santa Maria del Mare, Pelletrina).

Plans des îles p. 190 et p. 195

Coucher de soleil sur Pellestrina CLIMBER 1959/SHUTTERSTOCK ©

Les incontournables

Découvrir une autre Venise à San Giorgio Maggiore

À environ 400 m de la place Saint-Marc, cette île fait partie de San Marco et sans son célèbre profil, Venise ne serait pas la même. L'île ferme le bassin de Saint-Marc et derrière elle s'étend l'immensité de la lagune. Et elle est unique : à la fois proche et lointaine, comme plongée dans un fascinant calme onirique.

PLAN P. 190, A2

San Giorgio Maggiore
L'île de San Giorgio Maggiore est accessible au départ de San Marco-San Zaccaria B, ligne 2, qui va à la Giudecca. C'est le premier arrêt.

Basilica di San Giorgio Maggiore

Au Xe siècle, la République fit don de cette île aux Bénédictins, qui y bâtirent les premiers édifices, que le tremblement de terre de 1223 détruisit. La lente renaissance de l'île débuta avec la consécration d'une nouvelle église en 1419. Le XVIe siècle est sa période la plus florissante, marquée par la construction de la **Basilica di San Giorgio Maggiore** (☎ 041 522 78 27 ; www.abbaziasangiorgio.it ; campanile tarif plein/réduit 6/4 € ; 🕐 9h-19h l'été, 8h30-18h l'hiver ; ⛴ San Giorgio), commencée en 1566 par Palladio et achevée par Longhena en 1611. Sa superbe façade est typique des créations néoclassiques palladiennes. L'intérieur, ample et majestueux, conserve des peintures de Carpaccio – dont un *Saint Georges tuant le dragon* de 1516 –, Palma le Jeune, Sebastiano Ricci ou Bassano. Ne manquez pas les œuvres du Tintoret : la *Récolte de la manne*, la *Lapidation de saint Étienne* et *La Cène*, réalisées de 1592 à 1594. La **Cappella dei Morti** abrite sa dernière œuvre, la *Déposition*. Le sommet du **campanile** de Benedetto Buratti, rebâti en 1791 après l'écroulement de l'édifice en 1467, ménage le meilleur point de vue sur Venise et sa lagune.

Couvent et Fondazione Cini

À droite de la basilique se trouve l'entrée du couvent, aujourd'hui siège de la **Fondazione Giorgio Cini** (☎ 041 271 02 09, 041 271 02 37 ; www.cini.it ; Isola di San Giorgio Maggiore ; tarif plein/réduit 13/10 € ; 🕐 visites guidées toutes les heures, 10h-15h nov-mars et 10h-18h avr-oct ; ⛴ San Giorgio Maggiore). Fondé au Xe siècle, le couvent fut remanié entre 1494 et 1680. C'est Vittorio Cini – un ministre de Mussolini qui démissionna pour divergence avec le Duce – qui créa cette fondation qui ouvrit ses portes en 1951, permettant au public d'admirer les **cloîtres** du couvent, l'**escalier monumental** de Baldassare Longhena et le réfectoire palladien. Admirez aussi la **Biblioteca Vecchia** et la **Biblioteca Nuova della Manica Lunga**.

★ À savoir

- En 1799, après la chute de la Sérénissime, mais avant sa fermeture par Napoléon en 1806, San Giorgio accueillit le conclave qui élut le pape Pie VII.
- Le réfectoire du couvent abrite la reproduction numérique des *Noces de Cana* de Véronèse, réalisée en 2007 par l'artiste Adam Lowe, un expert en fac-similés. Cette projection vient rappeler que ce chef-d'œuvre trônait ici avant que Napoléon ne l'emporte au Louvre.

✗ Une petite pause ?

Pour vous restaurer, vous devrez revenir à Venise.

Promenade à vélo

Du Lido à Pellestrina

Au Lido, louez un vélo sur le Piazzale Santa Maria Elisabetta (p. 198), où vous débarqueront les vaporetti en provenance de la ville, et découvrez l'univers balnéaire de Venise, fait de dunes de sable, de longs remblais en pierre d'Istrie, de pinèdes ombragées et de tamarins. Même si les établissements privés sont légion, les possibilités d'accès libre à la mer restent nombreuses.

À savoir

Départ Oasi di San Nicolò

Arrivée Oasi di Ca' Roman

Distance 30 km

Transport Du Lido à Pellestrina, prenez le ferry n°11. Comptez 10 min entre les arrêts Alberoni et San Maria del Mare

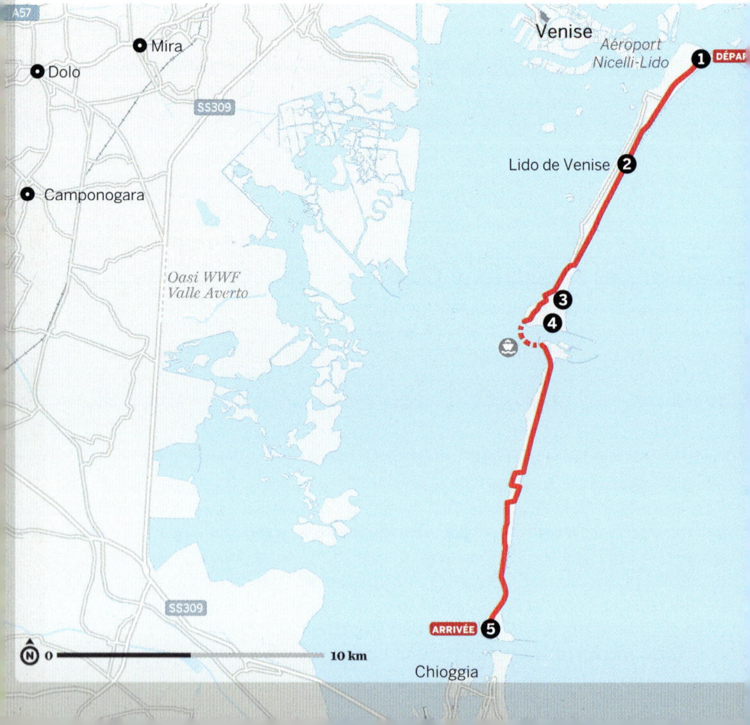

❶ Oasi di San Nicolò

La pointe nord du Lido est occupée par cette réserve naturelle. Elle est située à l'est de la zone urbanisée, et vous la rejoindrez en prenant la Via Klinger après le Piazzale Ravà. Le long de la route défilent des établissements balnéaires historiques dédiés aux forces de l'ordre et aux militaires, ainsi que des structures privées. Au-delà de la route commence la réserve : une plage libre d'accès dans une nature que nous vous invitons à respecter. (A ; Piazzale Ravà)

❷ Les murazzi

Le long des îles du Lido et de Pellestrina, des portions de littoral (praticables à vélo) sont caractérisées par un remblai en pierre d'Istrie. Outre une longue plage de sable, cette côte présente de nombreuses digues qui s'avancent dans la mer sur 30 ou 40 m ; elles arborent depuis longtemps de curieuses paillotes, construites avec des matériaux de récupération apportés par la marée. (V ; Marconi Coralli)

❸ Les Bagni Alberoni

Cet établissement balnéaire est l'un des plus anciens du Lido. Avec une petite cinquantaine de parasols et leur plage privée, ces *bagni* sont peu coûteux et bien équipés. Le **bar** (041 526 56 88) sert d'excellents spritz. (041 73 10 29 ; www.bagnialberoni.com ; juin-sept ; località Alberoni, Lido ; A, 11 ; Alberoni Ca' Rossa)

❹ Oasi WWF delle Dune degli Alberoni

Avant le XIXe siècle, ce secteur n'existait pas. Le Forte Veneziano degli Alberoni, érigé au XVIIe siècle pour défendre l'entrée du port (et aujourd'hui au cœur d'un parcours de golf, à 800 m de la plage), était encore léché par la mer. En 1872, la construction d'un môle sur le côté nord de la Bocca di Malamocco favorisa l'accumulation de sable, que le vent – surtout la bora, soufflant du nord-est – ne tarda pas à transformer en dunes de 8 à 10 m (sable blanc sur les plages, gris dans les terres). Les dunes furent peu à peu recouvertes d'une végétation de milieu aride et des zones humides rétro-dunaires, se formèrent, vite peuplées d'une faune et d'une flore trop heureuses de s'offrir un habitat dans cette région vierge. (348 268 64 72 ; www.dunealberoni.it ; località Alberoni, Lido ; A, 11 ; Alberoni Ca' Rossa)

❺ Oasi di Ca' Roman

Sur l'île de Pellestrina, cette oasis comportant des plages et une pinède offre un écosystème unique fort intéressant. Vers 1700, la plage fut consolidée par la Sérénissime, avec la construction du Forte Barbarigo. Après avoir longtemps logé des colonies de vacances, les bâtiments du fort accueillent désormais des associations s'occupant de personnes handicapées. (Pellestrina ; 11 ; Pellestrina Cimitero)

Sud du Lido, voir p. 195

San Servolo

Situé entre San Giorgio et le Lido, l'îlot fait miroiter sur la lagune son église baroque, la **Chiesa di San Servolo** (plan p. 190, B3), ses deux campaniles et les longs murs de son monastère. Celui-ci, à partir de 1725, abrita un asile (*manicomio*). À la descente du *vaporetto* venant de San Zaccaria (Monumento), vous pourrez vous promener parmi des jardins luxuriants et des monuments du XVIIIe siècle, des cloîtres et des réfectoires devenus les locaux de la Venice International University. L'îlot accueille aussi des fêtes et des concerts. Le passionnant **Museo del Manicomio** (041 862 71 67 ; sanservolo@coopculture.it ; tarif plein/réduit 6/4,5 € ; visites à 11h30 et à 14h45 lun-ven, visites guidées sur réservation tous les jours) est dédié à la grande figure de l'antipsychiatrie qu'était le psychiatre Franco Basaglia. (San Servolo)

Lido

L'île qui, dix jours par an, est le théâtre du festival international du film de Venise (la Mostra), est un joyau de l'architecture du début du XXe siècle.

Voir

Chiesa di San Nicolò — CENTRE HISTORIQUE

1 PLAN P. 190, D1

San Nicoletto, comme l'appellent les Vénitiens, est le protecteur des gens de mer. L'église qui lui est dédiée, située dans le quartier historique le plus septentrional de l'île du Lido, fut fondée au XIe siècle et rebâtie en 1626 ; elle conserverait les reliques de saint Nicolas (le conflit avec Bari, censée les conserver aussi, est sans fin), qui auraient été rapportées d'Asie Mineure. Sur les eaux en face du centre, on célèbre depuis mille ans les Épousailles avec la mer, la Festa de la Sensa, en dialecte : autrefois, le doge jetait dans la mer un anneau d'or pour symboliser l'alliance entre la ville et le royaume de Poséidon, garantie de richesse et de splendeur pour la ville (c'est désormais le maire de Venise qui s'en charge). Promenez-vous entre les maisons, entrez dans l'église du XVIIIe siècle, longez, au calme, la lagune vers le nord et observez, sur la rive opposée, le Forte Sant'Andrea, partie du système de fortifications qui a toujours protégé la ville. (Lido ; en été, aussi San Nicolò et A, San Nicolò Chiesa)

Antico Cimitero Ebraico — CIMETIÈRE

2 PLAN P. 190, D2

On raconte que lord Byron, avant de regagner à la nage depuis le Lido sa demeure sur le Grand Canal, se promenait à cheval et allait se recueillir sur les tombes de ce cimetière juif, dont l'état d'abandon lui paraissait follement romantique. En effet, l'Antico Cimitero Ebraico, un des premiers d'Europe après celui de Prague,

Un ghetto pour “protéger”

Selon les législateurs vénitiens, le système de ségrégation du ghetto était voué à garantir à la communauté juive un lieu de résidence “protégé”. Sur le même principe, pour remédier aux insultes, aux lancers d'objets et aux crachats sur les bateaux qui transportaient les défunts du ghetto jusqu'au cimetière juif du Lido, les autorités mirent en place un parcours alternatif passant en dehors de la ville, bien plus long, qui aujourd'hui encore se nomme le Canale dei Marrani. Le terme “marranes”, autrefois péjoratif, désigne les Juifs séfarades issus de la péninsule Ibérique qui, au Moyen Âge, avaient été contraints de se convertir au christianisme, mais continuaient de pratiquer le judaïsme en secret.

avait été abandonné à la chute de la Sérénissime, qui depuis la fin du XIVe siècle en avait garanti l'existence. La sépulture la plus ancienne, celle d'un certain Samuel, remonte à 1389, année où débuta la construction du cimetière. La fascination qu'exerce ce lieu, accessible uniquement sur réservation auprès du Museo Ebraico (p. 130), et géré aujourd'hui encore par la communauté juive vénitienne, est due à l'effet poétique produit par l'enchevêtrement des tombes (l'usage veut que les corps ne soient jamais exhumés) et par sa splendide position sur la lagune, parmi des arbres séculaires. (Riviera San Nicolò ; 041 71 53 59 ; www.museoebraico.it ; visite privée 90 € + billet individuel tarif plein/réduit 12/10 € ; tlj sur réservation ; Lido ; en été aussi San Nicolò et A, San Nicolò Cipro)

Palazzo del Cinema ÉDIFICE

3 PLAN P. 190, C5

Le style rationaliste de cet édifice aux lignes sévères reflète la modernité des années 1930, qui vit Giuseppe Volpi, comte de Misurata, bâtisseur de l'édifice et ministre du gouvernement fasciste, promouvoir la Mostra, le festival du film de Venise, et ainsi lancer le développement du tourisme de luxe au Lido. (Lido)

Murazzi DIGUE

4 PLAN P. 190, B6

Dès le temps des *palade* (palissades de pieux et de pierres), les habitants de Pellestrina (p. 199) ont lutté sans relâche contre la fureur de la mer. Après l'édification de la colossale digue des *murazzi*, en 1744, les îliens ont enfin pu se détendre. Au cours du temps, l'ouvrage fut étendu à la côte du Lido ; tout en gardant sa fonction première de barrière contre les eaux, la digue est devenue un magnifique lieu de promenade avec vue sur la mer. Elle mesure (avec quelques interruptions) près de 18 km de long, débute à la pointe sud du Lungomare Marconi et rejoint Ca' Roman (p. 189), à l'extrémité sud de l'île de Pellestrina. (Lido et V, Marconi Coralli)

Malamocco

CENTRE HISTORIQUE

5 PLAN P. 195, A6

Metamaucum avait été construite au Ve siècle près de la mer, à 2 km de sa position actuelle, et fut probablement détruite par un raz-de-marée au XIIe siècle. À la même époque, la construction du nouveau centre de Malamocco a commencé dans un endroit plus protégé de l'île : les habitations sont entièrement entourées par un canal. Le **Ponte di Borgo**, un des accès historiques, terminé par une arcade monumentale, conduit au Rio Terà et à la Calle Merceria, d'où on rejoint la **Chiesa di Santa Maria Assunta** (041 77 07 15 ; Campo della Chiesa 1 ; 8h30-18h). Face à l'église se dresse le **Palazzo del Podestà**, édifice gothique du XVe siècle (aujourd'hui la mairie) qui arbore un haut-relief avec un cerf, symbole de la ville. (Lido et A, Malamocco Centro)

Se restaurer

Magiche Voglie

GLACIER €

6 PLAN P. 190 C3

Les meilleures glaces du Lido vous attendent sur le Gran Viale. L'été, Luca se met en quatre pour surprendre ses clients, notamment avec des glaces façon *granita*. (347 794 39 92 ; Gran Viale Santa Maria Elisabetta 47/G ; 11h-21h30 mars-mai et oct-nov, 11h-23h juin-sept ; Lido)

Dunes des Alberoni (p. 189)

L'éclectisme architectural du Lido

Le style apparu sur cette île au début du XXe siècle ne manquait pas de variété, influences néoromanes, néogothiques et néobyzantines se fondant avec l'Art déco et l'Art nouveau. Pour vous en faire une idée, passez devant les édifices suivants : le **Villino Monplaisir** (1906 ; Gran Viale, Al Canton del Gallo), la **Villa Otello** (Via Lepanto 12) et son portail aux paons signé Umberto Bellotto, les proches **Villino Gemma** (1905-1906 ; Via Dardanelli 22) et **Villino delle Fate** (1914 ; Via Dardanelli 50), ou encore la **Villa Madonna** (à l'angle de Via Aquileia et Via Zeno). Autre bel exemple, l'**hotel des Bains** (1900 ; Lungomare Marconi 17), aujourd'hui fermé, où furent tournées des scènes de *Mort à Venise*. Et vous serez émerveillé devant les coupoles et les fenêtres géminées de l'**hôtel Excelsior** (1908 ; Lungomare Marconi 41), qui, depuis toujours, fait partie du décor de la Mostra de Venise.

Maggion

PÂTISSERIE €

7 PLAN P. 190, C4

Entrez et faites un plongeon dans le temps, mais surtout, laissez-vous enivrer par le parfum de gourmandises qui ne sont pas que sucrées : petits-fours sucrés et salés, petites pizzas, tourtes, pâtisseries, viennoiseries, millefeuilles… (348 093 59 05 ; Via Dardanelli 46/C ; 9h30-13h et 16h-20h mer-sam, 9h30-13h dim ; Lido)

El Pecador

SANDWICHS €

8 PLAN P. 190, D3

Pendant la saison balnéaire, à l'entrée de la plage Zona A, un vieux bus britannique à impériale prépare depuis des décennies des sandwichs réputés. Les vieux habitués demandent un Te Spiego ou un Senegal, mais la clientèle est plutôt jeune, voire très jeune. Sert jusque tard dans la nuit. (349 544 15 51 ; Lungomare D'Annunzio ; sandwichs 5-10 € ; 10h-minuit et plus tard juin-sept ; Lido)

Chiosco Rosso

BARBECUE €

9 PLAN P. 190, D2

Bière glacée, viandes variées cuites sur la braise et frites. En plein air sous la pinède, à deux pas de l'entrée des plages de la zone de San Nicoletto. Très agréable en bonne compagnie, providentiel avec les enfants. (347 986 09 11 ; Via Klinger ; repas 15-20 € ; 9h-minuit ; Lido et San Nicolò A ; Piazzale Ravà)

El Cason

TRATTORIA €/€€

10 PLAN P. 195, D1

Repaire historique des musiciens. À quelques pas des *murazzi*, de bonnes pizzas, de copieux plats de viande grillée, un espace pour les enfants et des soirées musicales dans une ambiance

A
B
C
D
1
2
3
4
5
6
0
1 km
Nord du Lido, voir p. 190
Lido
MER ADRIATIQUE
Via Malamocco
Riva Giovanni Diacono
Via Alberoni
Lagune de Venise
Str. della Droma
Strada Zaffi da Barca
MER ADRIATIQUE
Santa Maria del Mare
Pellestrina
5
10
11
12
15
16
17
22
23

CDRIN/SHUTTERSTOCK ©
Hôtel Excelsior, Lido (p. 194)

conviviale. Après dîner, on ouvre le Tiki Lounge, le bar du jardin intérieur. (041 526 08 37 ; Via Giovanni Pividor 15 ; repas 25 € ; 19h-minuit mer-lun ; Lido A, Gallo Giolito)

Da Scarso TRATTORIA €€

11 PLAN P. 195, D1

La trattoria de Gino Scarso est une institution à Malamocco ; elle apparaît même dans *L'Ange à la fenêtre d'Orient*, une aventure de Corto Maltese. Le célèbre marin aventurier d'Hugo Pratt (l'auteur avait une maison dans le coin) y mangeait du *sfogio* (un type de sole), et la trattoria en sert toujours. Chiara, la nièce de Gino, a pris le relais sans rien changer au lieu, avec sa cuisine de poisson sans fioritures, ses tableaux représentant la lagune, ses maquettes de bateaux en bois et son jardin couvert de vigne vierge. (041 77 08 34 ; Piazzale Malamocco 5 ; repas 25-35 € ; 10h30-15h et 18h-21h30 mer-dim, 10h30-15h lun avr-oct, 10h30-15h mer-lun fév-mars et nov ; Lido A, 11, Malamocco Centro)

Al Ponte di Borgo OSTERIA €€

12 PLAN P. 195, D1

Rien de plus marin que ce petit restaurant, bondé le week-end mais calme les autres jours de la semaine ; vous y dégusterez les pâtes *alla malamocchina* (crabe et fruits de mer), des fritures et des grillades au calme dans le jardin, des *cicheti* dans la salle ou installé à une table dans la rue, mais toujours devant un verre de prosecco. (041 77 00 90 ; Calle Mercerie 27 ; repas 35 €, assortiment cicheti 10-15 € ; 9h-23h mar-sam, 9h-18h dim ; Lido A, Malamocco Centro)

Prendre un verre

Maleti
LOUNGE BAR

13 PLAN P. 190, C3

Lieu de rencontre historique du matin au soir dans l'effervescence de la grande rue Santa Maria Elisabetta. Du cappuccino au *tramezzino*, du spritz au mojito. Ouvert tard en été. (041 526 14 55 ; Gran Viale Santa Maria Elisabetta 47 ; 7h-1h jeu-mar ; Lido)

Da Nato
BUVETTE

14 PLAN P. 190, D3

À l'entrée de la plage publique de l'ancien Ospedale al Mare (p. 200), ce kiosque sur la rue, mais avec vue sur la mer, a une clientèle d'habitués. Le soir, quelques belles propositions culinaires. Le personnel est joyeux et amical et vous pourrez également y déguster d'authentiques plats vénézuéliens. (346 634 02 12 ; Lungomare Gabriele D'Annunzio, Lido ; 9h30-2h mi-mai à mi-sept; Lido et A ; D'Annunzio Duodo)

Macondo
BUVETTE

15 PLAN P. 195, C5

Au pied de la plage d'Alberoni, où seuls résonnent les carillons du vent et le bruit du ressac, Macondo dispose de tables en bois récupéré, cadeaux des tempêtes marines, sur lesquelles on savoure des plats froids et de succulentes moules locales. Bien sûr, tout cela a un prix, peut-être un peu élevé… mais entretenir un endroit aussi spécial a un coût. On y accède en passant à pied ou à vélo devant le dernier arrêt de bus de l'île. (327 447 85 56 ; Spiaggia degli Alberoni, Oasi WWF, Lido ; 9h-20h30 mi-mai à mi-sept ; Lido et A, N ; Faro Rocchetta)

No Pasa Nada
BAR À VINS

16 PLAN P. 195, B5

Il y a un air marin indéniable dans ce petit restaurant qui sert des sandwichs, des snacks et une honnête sélection de vins. L'intérieur ressemble un peu au pont d'un navire, la terrasse à son pont supérieur, mais il y a aussi un jardin tranquille. (041 772 06 58 ; Strada Ca' Rossa 2, Lido ; 8h-minuit ; Lido et A, N ; Alberoni Ca' Rossa)

Energy Darshan
BAR, ESPACE CULTUREL

17 PLAN P. 195, C3

Le calme règne parmi les maisonnettes du jardin, où l'on pratique yoga et méditation. Mais comme le silence n'a de valeur que si un bruit vient le souligner, le bar accueille un concert de bières, de ping-pong et de cuisine indienne en version buffet. Parasols et petits matelas sur la plage. (339 119 93 17 ; www.oshoyatrilandvenezia.com ; Via Alberoni 41/A, Lido ; 9h-minuit ven-dim mi-mai à mi-sept ; Lido et A, N ; Alberoni Ottagono)

Lion's Bar

BAR

18 PLAN P. 190, C5

Né dans les années 1920 de l'imagination un peu baroque et Art nouveau de Giovanni Sicher, le Lion's est incomparable. Hélas, le bar le plus prestigieux du Lido n'ouvre que pendant la Mostra – le gotha du cinéma vient alors y siroter un café à toute heure du jour et de la nuit. (Lungomare Marconi 31, Lido ; pendant la Mostra ; Lido et V, 11, Palazzo del Cinema)

Activités

Lido Surf Club

SURF ET PADDLE

19 PLAN P. 190, D3

Cours de surf, de stand-up paddle et de canoë à partir de 30 € pour les cours particuliers, 20 € pour les cours collectifs. Plage Blue Moon (p. 200). (347 641 52 38 ; www.facebook.com/lidosurfclub ; Piazzale Bucintoro 1 ; 9h-19h mai-sept ; Lido A, V ; Plages)

Cicli Gardin

LOCATION VÉLOS

20 PLAN P. 190, C3

Louez un **vélo** (9 €/jour) pour explorer tranquillement le Lido et Pellestrina. (041 276 00 05/339 682 33 87 ; www.biciclettegardin.com ; Piazzale Santa Maria Elisabetta ; 9h-19h ; Lido)

Freetime Diving

PLONGÉE

21 PLAN P. 190, C5

Formations variées et plongées en eaux peu profondes et sur épaves. (335 675 07 11 Andrea, 339 484 04 91 Alessandra ; www.freetimediving.it ;

Pellestrina

KARTA-IVREA/SHUTTERSTOCK ©

Lungomare Marconi 52, près de la plage de l'Excelsior ; 9h30-18h30 juin à mi-sept ; Lido et V, 11, Marconi Loredan)

Arcieri del Leon

TIR À L'ARC

22 PLAN P. 195, D1

L'occasion de décocher une flèche au bord de la lagune fait saliver tous les passionnés, tout en attisant la curiosité des néophytes : ce centre contentera les uns comme les autres. (041 276 02 23 ; www.arcierileon.it ; Via Malamocco 141/B ; cours 128 € ; 8h-22h ; Lido et A, Malamocco Stagnino)

Circolo del Golf Venezia

GOLF

23 PLAN P. 195, B5

Un green de 100 ha protégé par le WWF, avec 18 trous et un bar ayant vu passer des célébrités plus ou moins fréquentables, du duc de Windsor à Adolf Hitler. (041 73 13 33 ; www.circologolfvenezia.it ; Via Strada Vecchia 1, Alberoni, Lido ; semaine/week-end 80/95 € ; 8h30-18h30 mar-dim hiver, 8h-20h mar-dim été ; Lido et A, 11, Alberoni Golf)

San Lazzaro degli Armeni

La momie égyptienne la mieux conservée d'Europe, un plâtre de Canova, un autographe de Pierre le Grand, une sphère en ivoire tibétaine dont les ciselures ont requis vingt-cinq années de travail : quel rapport avec la lagune ? Ces pièces font partie, avec des centaines d'objets du monde entier, 4 500 manuscrits en langue arménienne (la plus grande collection au monde) et 170 000 ouvrages, du trésor immense de l'îlot de **San Lazzaro** (plan p. 190, B4), siège de la congrégation mékhitariste arménienne de Venise.

Le lien entre les Arméniens et Venise existe depuis longtemps. Mais quand, au début du XVIIIe siècle, la Sérénissime décida d'accueillir l'abbé Mékhitar fuyant les persécutions des Turcs et de lui donner l'île jadis siège d'un lazaret (p. 81), le lien se transforma en histoire d'amour. Et la congrégation est encore aujourd'hui une référence chère au cœur des Arméniens dans le monde entier. L'île est une oasis de paix, de culture, d'histoire et d'art. Jusqu'en 1995, elle accueillait une imprimerie réputée, compte de nombreux édifices du XVIIIe siècle, une église avec un campanile à bulbe, des potagers, des vignes et des jardins. Les moines, toujours souriants, sont autosuffisants et accueillent les visiteurs une fois par jour pour leur montrer les beautés de leur musée et de leur bibliothèque. (041 526 01 04/041 526 09 51 ; Isola di San Lazzaro degli Armeni ; tarif plein/-15 ans 6/3 € ; visite guidée sur réservation ; San Lazzaro degli Armeni, desservi seulement par le vaporetto n°20)

Pellestrina

De toutes les îles qui séparent Venise de la mer Adriatique,

Tutti al Mare

Les îles du Lido et de Pellestrina séparent la mer de la lagune. Le littoral est orienté vers la mer Adriatique. On y trouve des plages sableuses ou caillouteuses. Les accès à la mer gratuits ne manquent pas sur ce littoral vénitien qui s'étend sur plusieurs kilomètres de côte.

- **Oasi di San Nicolò** La pointe nord du Lido est occupée par cette réserve naturelle (p. 189).
- En descendant vers le sud-ouest, on dépasse la **Spiaggia Pachuka** et la **Spiaggia Paradiso** (A ; Piazzale Ravà), bien équipées et deux agréables restaurants sur la plage.
- Suit un long tronçon de plage en accès totalement libre au-delà des établissements militaires, en face des bâtiments de l'ancien Ospedale al Mare. L'accès se fait à côté du kiosque Da Nato (p. 197).
- **Venezia Spiagge** (A ; Duodo) est géré par la ville. Juste après on trouve **Blue Moon** (A ; Plages) ainsi que quelques grands hôtels : dans l'ordre Hôtel des Bains, Consorzio Alberghi (également en accès libre ; CA, V ; Fiume), Quattro Fontane et Excelsior, le plus chic.
- Quelques autres établissements de bains privés marquent le début des **murazzi** (CA, V ; Coralli), le long desquels alternent petites plages et digues entièrement accessibles au public. Elles disparaissent progressivement pour laisser place à des blocs de pierre blanche d'Istrie.
- La fin des *murazzi* marque le début de la plage appartenant aux **Bagni Alberoni** (p. 189), l'un des établissements balnéaires les plus anciens du Lido.
- Une magnifique étendue de plage libre (**spiaggia libera**) ferme l'île du Lido au sud, avec en toile de fond les dunes protégées par le WWF (p. 189). (A, 11 ; Alberoni Rocchetta)
- Le littoral de Pellestrina (en accès libre) est entièrement constitué de *murazzi*.

Pellestrina (plan p. 195, B6) est la plus mince et semble la plus fragile. Mais enserrée entre deux grandes étendues d'eau, c'est elle qui a gardé les aspects les plus authentiques et les plus strictement maritimes. Sur la partie qui précède l'**Oasi di Ca' Roman** (p. 189), l'île est constituée exclusivement de la digue en pierre d'Istrie des **murazzi** (p. 189 et p. 192).

Jusque très récemment, Pellestrina était uniquement une île de pêcheurs ; aujourd'hui, bien que toujours liée au rythme des saisons et du travail en mer et en lagune, c'est aussi un lieu de visites et de promenades.

Pellestrina est divisée en quatre zones : **Santa Maria del Mare** (plan p. 195, B6) et **Ca' Roman** aux extrémités nord et sud, et, au milieu, deux bourgs, **San Piero in Volta** et **Pellestrina**. La possibilité de se baigner dans une eau plus limpide qu'ailleurs (plages en accès libre), ses vues splendides sur la lagune sud, ses hameaux – avec quelques églises modestes mais gracieuses – et sa bonne cuisine font qu'elle mérite vraiment le détour. Le vélo est idéal pour la visiter, mais il existe aussi un bus qui part de l'arrêt de *vaporetto* Lido SME puis embarque sur un ferry. Quel que soit le moyen de transport choisi, Pellestrina n'est accessible qu'en ferry, dont l'embarcadère se trouve à l'extrême sud de l'île du Lido, à l'arrêt Alberoni. Si vous avez déjà pris le bus, vous pourrez utiliser le même billet ; sinon, vous devrez l'acheter à bord, auprès du marin. (11)

Se restaurer

Le Valli — AGROTURISME €€

Le cadre est vraiment extraordinaire, perdu dans les zones marécageuses et peuplées d'oiseaux aquatiques de la partie la plus au nord de l'île : Santa Maria del Mare. La cuisine est simple, à base de poisson frais, dans le respect de la tradition. Les entrées et les poissons grillés sont bons. Réservation recommandée. On peut aussi y dormir. (041 527 91 89 ; Strada Comunale dei Murazzi 18, Pellestrina ; repas 40 € ; 12h-23h, fermé en hiver ; 11 ; Santa Maria del Mare)

Da Celeste — RESTAURANT €€/€€€

Au crépuscule, cap sur la terrasse de ce restaurant pour admirer les reflets rosés du ciel sur la lagune, avant de déguster la cuisine de Rossano : *polentina* aux crevettes et pot-au-feu de la mer avec cigales, araignée, poulpe et bigorneaux. Réservation conseillée. (041 96 73 55 ; www.dacelestepellestrina.com ; Via Vianelli 625/B ; repas 50 € ; 12h-14h30 et 19h15-21h30 jeu-mar mars-oct ; 11, Madonna dell'Apparizione)

Da Nane — RESTAURANT €€€

Le week-end, les employés à l'amarrage des barques viennent de Venise et de la lagune pour déguster l'une des meilleures cuisines traditionnelles. Depuis les tables de la terrasse à l'étage, le panorama est magnifique ; les plats sont frais et préparés à l'ancienne. Le service n'est pas toujours impeccable et les prix pas vraiment populaires (repas 50-60 €). (041 527 91 00 ; San Piero in Volta 282 ; repas 50-60 € ; 12h-14h30 et 19h-21h30 mar-dim ; 11, San Pietro Belvedere)

Prendre un verre

El Chiosco — KIOSQUE

Faire une pause ici en attendant que le ferry vous ramène au Lido, tout en sirotant une bière fraîche au milieu des reflets de la mer, ressemble un peu à un rêve. (392 404 28 01 ; Santa Maria del Mare 7 ; 7h30- 22h mar-ven, 8h-22h sam et dim ; 11 ; Santa Maria del Mare)